La Batalla de Antietam

Una Fascinante Guía sobre una Importante Batalla de la Guerra Civil Estadounidense

© Derechos de Autor 2020

Todos los Derechos Reservados. Ninguna parte de este libro puede reproducirse de ninguna forma sin el permiso por escrito del autor. Los comentaristas literarios pueden citar breves pasajes en sus revisiones.

Descargo de responsabilidad: Ninguna parte de esta publicación puede reproducirse o transmitirse de ninguna forma o por ningún medio, mecánico o electrónico, incluido el fotocopiado o grabación, o por cualquier sistema de almacenamiento y recuperación de información, o transmitida por correo electrónico sin el permiso por escrito del editor.

Si bien se han hecho todos los intentos para verificar la información provista en esta publicación, ni el autor ni el editor asumen ninguna responsabilidad por errores, omisiones o interpretaciones contrarias al tema en este documento.

Este libro es solo para fines de entretenimiento. Las opiniones expresadas son solo del autor, y no deben tomarse como instrucciones u órdenes de expertos. El lector es responsable de sus propias acciones.

El cumplimiento de todas las leyes y regulaciones aplicables, incluidas las leyes internacionales, federales, estatales y locales que rigen las licencias profesionales, las prácticas comerciales, la publicidad y todos los demás aspectos de hacer negocios en los EE. UU., Canadá, el Reino Unido o cualquier otra jurisdicción es responsabilidad exclusiva del comprador o lector.

Ni el autor ni el editor asumen responsabilidad alguna sobre estos materiales por parte del comprador o lector. Cualquier desaire percibido hacia cualquier individuo u organización es completamente involuntario.

Contents

INTRODUCCIÓN 1
CAPÍTULO 1- "EL JOVEN NAPOLEÓN" 4
CAPÍTULO 2 - CABALLEROS DEL SUR 13
CAPÍTULO 3 - LOS HOMBRES QUE LUCHARON, SU EQUIPO Y SUS UNIFORMES 17
CAPÍTULO 4 - BATALLA DE SOUTH MOUNTAIN Y HARPERS FERRY .32
CAPÍTULO 5 - ANTIETAM 42
CAPÍTULO 6 - LA IGLESIA DE LOS DUNKER 47
CAPÍTULO 7: "CALLEJÓN SANGRIENTO" 57
CAPÍTULO 8: EL PUENTE DE BURNSIDE 62
CONCLUSIÓN 73
REFERENCIAS 75

Introducción

El 17 de septiembre de 1862, el presidente de los Estados Unidos, Abraham Lincoln, obtuvo la gran victoria que deseaba desde el estallido de la guerra civil estadounidense, un año antes. Declarar la victoria le daría el respiro político que necesitaba para hacer algo que había estado reflexionando durante algún tiempo: liberar a los esclavos.

La gran victoria que Lincoln quería tuvo lugar cerca del riachuelo Antietam en Maryland, cerca de la ciudad de Sharpsburg. La Unión lo llamaría "la batalla de Antietam", y la Confederación se referiría a ella como "la batalla de Sharpsburg". Hoy es conocida por ambos nombres, pero "Antietam" es el que más comúnmente se usa.

Lo que pasó con la batalla de Antietam es que no fue realmente una victoria para ninguno de los bandos. Fue más como un punto muerto sangriento, excepto por el hecho de que las tropas del Norte permanecieron cerca del campo de batalla mientras los rebeldes se movían a una posición más adecuada para la defensa.

Si bien la batalla ciertamente no fue la victoria rotunda que Lincoln había esperado, como era un político muy astuto, se dio cuenta que, si sus tropas aún estaban en el campo y las del enemigo no, ganaba. Sin embargo, en privado, Lincoln estaba enojado y horrorizado por los resultados de la batalla, o más bien por la falta de ellos.

Aunque quedaban cuatro batallas por venir (Gettysburg, Spotsylvania, Chickamauga y Wilderness) que serían más costosas en términos de hombres muertos, Antietam, a diferencia de las batallas mencionadas anteriormente, se libró durante el transcurso de un día y, por lo tanto, fue el día más sangriento de la guerra civil. Y las pérdidas fueron altas: 2.100 tropas de la Unión y 1.550 confederadas murieron ese día.

Piense en esto: desde 2001, aproximadamente 2.440 militares y mujeres estadounidenses han muerto en la guerra en Afganistán. En un solo día en 1862, hace unos 158 años, ese número fue superado por más de mil soldados. Eso no quita nada de la valentía de los soldados que luchan hoy; más bien, simplemente pretende ilustrar la intensidad y el costo de la batalla de Antietam.

La batalla de Antietam se recuerda hoy como el día más sangriento de la guerra civil y como la "victoria" que Lincoln necesitaba para emitir la Proclamación de Emancipación, pero en ese momento, la reacción a la batalla estuvo lejos de ser unánime. Lincoln, los miembros de su gabinete, el Congreso, la prensa y el público esperaban que el general George McClellan aprovechara la situación y persiguiera a los rebeldes en retirada de regreso a Virginia y a su capital, Richmond. Pero como había hecho tantas veces antes, McClellan vaciló, e ideó una razón tras otra sobre por qué no podía perseguir a los rebeldes.

Así, una breve biografía de George McClellan es un buen lugar para comenzar esta historia de la batalla de Antietam.

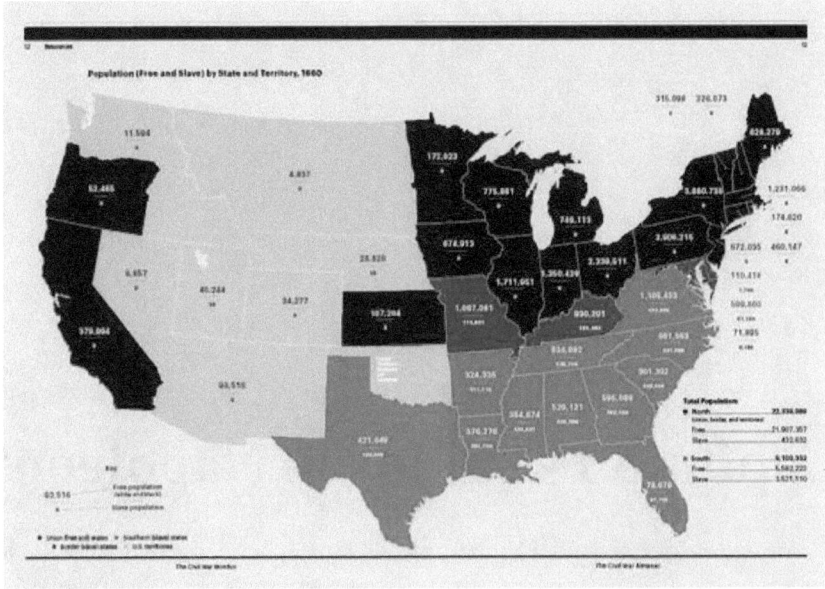

Ilustración 1: Estados libres y esclavos y sus poblaciones en 1861

Capítulo 1– "El Joven Napoleón"

A mediados del siglo XIX, Napoleón Bonaparte era el ídolo de los militares en todo el mundo occidental. A pesar de que finalmente fuera derrotado, se había enfrentado al mundo, y casi lo logró, y lo había hecho de una manera como nunca se había visto en el campo de batalla. La audacia, la velocidad y la sorpresa fueron los sellos distintivos de la carrera militar de Napoleón.

En los Estados Unidos, que no había sentido la peor parte de los ejércitos invasores de Napoleón, este era venerado. Mire las fotos de los oficiales (y algunos de los hombres alistados) de la guerra civil: posan como Bonaparte, con una mano metida en la chaqueta, como la foto del general de la Unión George McClellan que se ve a continuación.

Se le dio el apodo de "Joven Napoleón" cuando ascendió para tomar el mando del Ejército del Potomac, el principal Ejército de la Unión en el teatro oriental de la guerra civil, después de un par de pequeñas victorias en el oeste de Virginia (en la actual Virginia Occidental, que se separara de Virginia en 1863).

En ese momento, el apodo, aunque audaz, tenía más sentido que más tarde en la guerra. McClellan, quien naciera en Filadelfia en diciembre de 1826, tuvo una carrera estelar antes de obtener el control del Ejército del Potomac: salió segundo entre su clase de West Point de 1846 (que incluía a los futuros generales confederados Stonewall Jackson, George Pickett y AP Hill) , se distinguió en la guerra mexicano-estadounidense, volvió a enseñar en West Point, dirigió expediciones cartográficas en la frontera, exploró rutas para el ferrocarril transcontinental, y viajó al extranjero como observador militar en la guerra de Crimea.

En los años previos a la guerra civil, McClellan se había retirado a la vida privada y se convirtió en ejecutivo del Ferrocarril Central de Illinois. Allí, hizo importantes conexiones, incluso con el gobernador de Ohio, William Hijo, quien, en 1861, nombró a McClellan mayor general de los voluntarios de Ohio, poco después de que comenzara la guerra en abril de 1861. Esta promoción de la vida privada a uno de los más altos cargos dentro de los rangos en el ejército llamó la atención del presidente Lincoln, quien también recibiera comentarios favorables sobre McClellan del gobernador de Ohio. Lincoln ascendió a McClellan a mayor general, una posición que estaba justo debajo de la del héroe de guerra mexicano-estadounidense Winfield Scott, en cuyo estado mayor McClellan había servido en esa guerra.

En la primera acción verdaderamente planificada de la guerra (a diferencia de las escaramuzas ocasionales), que tuvo lugar en Filipos, Virginia occidental, en junio de 1861, las tropas de McClellan salieron victoriosas. Aunque de escala relativamente reducida en comparación con lo que estaba por venir, la victoria en Filipos (que involucró a unos cuatro mil hombres en ambos lados) reforzó la noción del Norte de que la guerra sería breve. Por supuesto, la gente en el sur sentía lo mismo al comienzo de la guerra.

La batalla de Filipos también fue el primer indicador para el presidente Lincoln de que McClellan iba a ser un problema. Aunque McClellan no estaba anunciando nada diferente de lo que era la política gubernamental vigente en 1861, en el oeste de Virginia, anunció a la población que su ejército no interferiría con la esclavitud en el área. Respondiendo a los rumores de que las tropas de la Unión alentarían la revuelta de los esclavos, McClellan anunció: "no solo nos abstendremos de toda interferencia, sino que, por el contrario, aplastaremos cualquier intento de insurrección de los esclavos". Esto no estaba dentro de la autoridad de McClellan para anunciar o hacer cumplir sin órdenes, ya que se suponía que esas órdenes provenían de la autoridad civil, es decir, de Lincoln. McClellan rápidamente se disculpó con el presidente, pero fue la primera de muchas otras disculpas que en todo caso llegarían mucho más lentamente en el tiempo.

Más de un mes después de la lucha de McClellan en el oeste de Virginia, la Unión perdió la primera batalla de Bull Run bajo el mando del general Irvin McDowell. Ante esa inesperada derrota, Lincoln comenzó a buscar un nuevo comandante de los ejércitos de la Unión en Virginia. McClellan no solo fue designado para encabezar el Ejército del Potomac, sino que también fue nombrado comandante de todas las fuerzas de la Unión.

Casi de inmediato, se hizo evidente que McClellan tenía un don para la organización, la disciplina y el orgullo de sus tropas, todo lo cual faltaba desde el comienzo de la guerra y especialmente después de la primera batalla de Bull Run. Aunque todavía había problemas en el cuerpo de intendentes (la rama del servicio responsable de la solicitud y distribución de suministros), como los funcionarios que vendían pertrechos del ejército para su beneficio privado, asegurándose de que sus amigos en el ejército tuvieran la primera opción, y el soborno, McClellan y su estado mayor recorrerían un largo camino para solucionar el peor de los problemas.

El general despidió a oficiales ineficientes, perezosos e ineptos y los pasó a retiro o los asignó a trabajos de escritorio o puestos lejos de cualquier acción, y también trajo nuevos oficiales que estaban familiarizados con las tácticas modernas, los ejercicios y la organización. McClellan se aseguró de que se aplicara la disciplina, que, en el fondo, a la mayoría de las tropas les encanta: nadie quiere ir a la batalla con una multitud de hombres indisciplinados, especialmente cuando se iban a enfrentar a un enemigo experto. Con el tiempo, los hombres amarían a McClellan, ya que, si bien su cautela fue un defecto fatal para su carrera, al menos para los soldados promedio significaba que el "Pequeño Mac" no tiraría sus vidas por un capricho y sin preparación.

McClellan no era ajeno a lo que hoy llamaríamos "hilar". Cortejaba a los principales periodistas de la hora, estuvo en el brindis de la sociedad de Washington y establecía conexiones políticas donde podía. Muy pronto, los periódicos, sus hombres y gran parte del público del norte lo llamaron el "Joven Napoleón". McClellan no hizo nada para disuadirlos.

Y justo allí estaba uno de los mayores problemas de McClellan, su enorme ego. Cuando lo apodaron el "Joven Napoleón", fingió modestia, pero en el fondo, muchos creen que lo disfrutó inmensamente y que se le subió a la cabeza, encima que su ego ya era grande por ser el segundo en su clase de West Point (fue superado por uno punto debido a un evento deportivo) y haber ganado algunas victorias tempranas, pero pequeñas, en el oeste de Virginia.

A medida que avanzaba la guerra, Lincoln y otros comenzaron a darse cuenta de que McClellan era demasiado cauteloso para un general al mando de un ejército poderoso y tal vez estaba más preocupado por no perder su ejército o reputación que por ganar victorias. Sin embargo, McClellan no aceptaría esta imposición; el general comenzó a describir a Lincoln y su gabinete en términos cada vez más despectivos. Tenía que saber que informes de este tipo volverían a Washington, DC, pero aparentemente no le importaba o increíblemente no lo sabía.

La primera gran idea de McClellan culminó en la Campaña de la Península, un desembarco anfibio en la Península de James, que estaba al sur de Richmond y detrás de las posiciones confederadas frente a Washington. En muchos sentidos, fue una gran idea. Posiblemente podría sorprender al enemigo. También se aseguró que el Ejército de Potomac de McClellan, que contaba con cerca de 100.000 hombres durante el verano de 1862, se concentrara en un área pequeña, lo que les permitiría atacar a los rebeldes con gran fuerza mientras tenían, al menos por una vez, la cobertura de las armas de la Marina de Unión. Sin embargo, a la inversa, el territorio también permitía que un enemigo más pequeño dirigido por oficiales expertos mantuviera embotellado al enemigo más grande. Todo dependía del liderazgo y la audacia, este último rasgo era algo de que carecía McClellan.

En Yorktown, donde terminara la revolución americana, McClellan asedió a un pequeño ejército de los ECA ("Estados Confederados de América") bajo el mando del general John B. Magruder. En lugar de maniobrar para derrotarlo o simplemente (en el lenguaje de la Segunda Guerra Mundial) "patearle el trasero y eludirlo", McClellan dejó la fuerza mucho más débil detrás para que la "barrieran" las tropas de la Unión que venían de atrás mientras McClellan avanzaba hacia Richmond.

Magruder maniobró astutamente sus tropas a la vista de las fuerzas federales (otro nombre que se usaba para referirse a la Unión) por lo que pensaron que los rebeldes eran mucho más numerosos de lo que eran. También empleó pistolas cuáqueras para hacer creer al general de la Unión que tenía más artillería de la que realmente tenía. La frase pistolas cuáqueras es un juego de palabras, ya que la secta religiosa cuáquera hasta el día de hoy defiende la no violencia. Estas "pistolas" en realidad eran troncos pintados de negro y apoyados contra rocas o colocados sobre ruedas a simple vista (pero distante) del enemigo. Magruder tenía docenas de estas "armas" desplegadas en el campo.

Magruder también tenía espías y exploradores, y los confederados tenían agentes dobles dentro de los campos federales y en Washington, difundiendo rumores sobre la inmensa fuerza de las fuerzas confederadas. Por supuesto, todas estas eran exageraciones groseras, ya que las fuerzas confederadas en Virginia eran superadas en número por el Ejército de la Unión.

Una de las cosas más interesantes (y en muchos sentidos una de las más trágicas) sobre la guerra civil fue que muchos de los oficiales se conocían, incluso si estaban en el lado opuesto. A veces eran íntimos amigos, como en el caso del general confederado Lewis Armistead y el general de la Unión Winfield Scott Hancock. Ya sea que se fueran amigos, conocidos, familiares o simplemente se conocieran por su reputación, muchos de los hombres que lucharon en la guerra civil habían servido antes en el Ejército de los EE. UU. Eso les dio mucha información sobre el pensamiento táctico y estratégico del enemigo.

Como se mencionó anteriormente, McClellan había asistido a West Point con algunos de los principales generales del sur. También había servido en México y se conocía con otros, incluido el general Robert E. Lee. La mayoría de ellos sabía de la naturaleza cautelosa de McClellan antes de la guerra, y se aprovecharon de ella durante el conflicto.

Urgido a moverse por Lincoln durante la Campaña de la Península, McClellan comenzó lo que se convertiría en su marca ignominiosa: pedir más tropas. Se le había suministrado el ejército permanente más grande en la historia del continente americano, y todavía pedía más hombres, hombres que no existían. La conscripción no se instituyó hasta 1863, y hasta ese momento, Washington dependía de voluntarios, y entrenar y vestir a estos hombres tomaba su tiempo.

Lincoln se quejaba de la falta de movimiento de McClellan, la cual empeoraría no solo por las fuerzas que el Sur reivindicaba tener (que, por sus fuentes de inteligencia, Lincoln, sabía que probablemente era una exageración) sino también por las garantías de McClellan de que cuando estuviera listo, se movería a gran velocidad. El presidente Lincoln pronunció su famosa frase: "Si el general McClellan no está usando el ejército, tal vez podría dejarme que lo tome prestado". Justo antes de la Campaña de la Península, Lincoln lo sacó a McClellan del mando general de los ejércitos de la Unión, con la esperanza de que el general pudiera centrarse mejor en la próxima campaña cerca de Richmond. Si bien McClellan en el fondo parece haber sabido que ya no era el comandante de todas las fuerzas de la Unión, todavía estaba resentido con alguien de quien pensaba que no sabía nada de planificación militar.

McClellan le había escrito a su esposa que veía a Lincoln como "un babuino bien intencionado". Para McClellan, el Secretario de Estado William Seward, que era 25 años mayor que el general, era un "cachorrito incompetente". Antes de que comenzara la Campaña de la Península, Lincoln, Seward y el secretario privado de Lincoln, John Hay, hicieron una visita nocturna a la residencia McClellan para discutir los planes del general para la próxima campaña. Informados de que el general estaba fuera, Lincoln y su grupo decidieron esperar. Un poco más tarde, McClellan entró por otra puerta y subió para irse a la cama, a pesar de que le informaran que el presidente de los Estados Unidos y el secretario de Estado estaban esperándolo en su salón. Pasaría media hora antes de que un criado bajara y le explicara al presidente que el general se había "acostado". John Hay sintió que el presidente debería estar indignado, pero Lincoln solo respondió que "en este momento era mejor no plantear cuestiones de etiqueta y dignidad personal". Sin embargo, nunca más volvió a visitar la casa de McClellan.

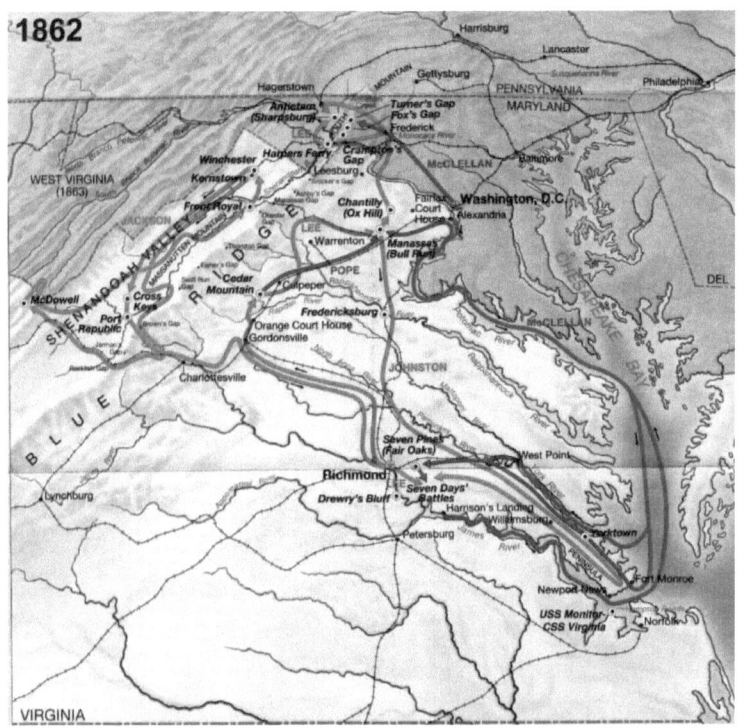

Ilustración 2: Las Campañas en el Este durante el otoño de 1862

Durante las batallas de los Siete Días al final de la Campaña de la Península, los ejércitos de McClellan, cuando se vieron que estaban comprometidos lucharon denodadamente. En realidad, ganaron más batallas de las que perdieron. Sin embargo, fueron superados y engañados durante toda la campaña pensando que el Ejército Confederado era mucho más grande que el suyo. Al final de la campaña de tres meses, que duraría de marzo a julio de 1862, las tropas de la Unión fueron abatidas, las cargaron en botes y las enviaron a su base a Washington.

McClellan había sido superado y engañado por un nuevo comandante confederado, ya que el viejo, Joseph E. Johnston, había sido herido en la batalla de los Siete Pinos. El nuevo comandante del Ejército del Norte de Virginia, la fuerza principal de los ESA, era Robert E. Lee. Al final de la Campaña de la Península, Lincoln relevó a McClellan de su comando y lo pasó a semirretiro.

Sin embargo, este retiro forzado no duraría mucho. En la segunda batalla de Bull Run (también conocida como la segunda batalla de Manassas, que es como se la llamó / se llama más comúnmente en el Sur) a finales de agosto, el reemplazante de McClellan, el General John Pope, fue derrotado por Robert E. Lee, y el Ejército del Potomac fue nuevamente desbaratado, como lo había sido después de la primera batalla de Bull Run.

En septiembre, Lincoln de mala gana llamó a McClellan al servicio activo, nombrándolo comandante de "las fortificaciones de Washington y todas las tropas para la defensa de la capital". Para entonces, la cautela, el ego, la pluma y la lengua cáusticas de McClellan también habían alejado al Gabinete, ya que todos ellos instaron a Lincoln a no volver a nombrar al "Pequeño Mac". Lincoln admitió que volver a nombrar a McClellan era como curarse de una resaca con "otra copa de alcohol", pero le dijo a su secretaria: "Debemos usar las herramientas que tenemos". No hay ningún hombre en el Ejército que pueda manejar estas fortificaciones y restañar a nuestras tropas para estar en forma ni la mitad de bien. Si no puede luchar por sí mismo, se destaca por hacer que otros estén listos para luchar".

Así fue como George McClellan estuvo al mando de los ejércitos de la Unión en Virginia cuando Robert E. Lee ideó su primer plan para una incursión en el Norte para forzar a "los Yanquis" a una paz negociada.

Capítulo 2 - Caballeros del Sur

Allí donde McClellan era cauteloso, Robert E. Lee era audaz, al igual que la mayoría de sus generales, especialmente Thomas J. "Stonewall" Jackson. Se criaron en la tradición militar del sur, recordando los días de la guerra revolucionaria de Nathanael Greene, el comandante estadounidense que, aunque era del norte, luchó en una campaña clásica contra los británicos más numerosos en el sur.

Los oficiales del sur también fueron inculcados con la noción de honor y caballería, y muchos hijos de la Confederación fueron criados con historias de caballeros que atacaban las líneas enemigas para ganarse el día. Y, por último, al igual que McClellan y muchos oficiales del norte, idolatraban la carrera militar de Napoleón Bonaparte y sus tácticas audaces y revolucionarias. Sin embargo, a diferencia de McClellan, las ponían en acción con mucha más frecuencia.

Por supuesto, el hombre más famoso del Sur era Robert E. Lee. Aunque había perdido varias batallas contra McClellan en las batallas de los Siete Días, era tan hábil en maniobrar a sus tropas que no solo hizo que McClellan se retirara a Washington, sino que también convenció a muchos en el norte de que su ejército era casi invencible, que, por un corto tiempo lo fue.

Pero esa reputación habría de llegar después de las batallas de los Siete Días y después del tema de este libro, la batalla de Antietam. Lee continuaría y ganaría victorias decisivas en Fredericksburg y Chancellorsville en 1863 antes de pasar a su segunda incursión en el Norte de Gettysburg. Allí, sostendría la derrota que muchos consideran el punto de inflexión en la guerra, pero incluso después de esa batalla, Lee causó mucha frustración al general unionista Ulises S. Grant en las batallas defensivas en Virginia hasta el final de la guerra.

Después de la batalla de Fort Sumter, la batalla que diera comienzo a la guerra civil, le habían ofrecido a Lee el mando de todos los ejércitos de la Unión. Ya se había distinguido en West Point, tanto como estudiante como instructor, en la guerra mexicano-estadounidense, y en los proyectos que había emprendido en el Cuerpo de Ingenieros después de ese conflicto. Lee era el hombre a cargo de la milicia de Virginia que sofocara la rebelión antiesclavista de John Brown en Harpers Ferry y era uno de los hombres más conocidos y respetados en el ejército Unionista, así como en el país en general.

Pero la primera lealtad de Lee era al estado de Virginia, que él (y muchos otros virginianos) llamaba su "país de origen". En esos días, la mayoría de la gente nunca viajaba fuera de su condado a menos que estuviera en el ejército o la armada, y tenía muy poco contacto con Washington, DC, o gente de fuera de su estado o incluso del área inmediata. Los ferrocarriles comenzaron a cambiar eso, aunque lentamente, y realmente no impactaron sobre la mayoría de la gente en el Sur, ya que la producción ferroviaria allí se quedó muy por detrás de la del Norte (que llegó a ser un factor importante en la guerra civil), y el precio de los rieles era prohibitivo para muchos. Entonces, Lee, como muchos otros sureños, consideraba su lealtad a su estado primero y a la Unión en segundo lugar, especialmente cuando se trataba del gobierno que les decía cómo tenían que vivir.

Ilustración 3: Imagen coloreada de Lee con su uniforme confederado. Fuente desconocida

Por supuesto, el problema principal de la guerra civil era la esclavitud, aunque en ese momento muchos decían que el problema eran los derechos de los estados, una opinión que todavía algunos sostienen hoy. De alguna manera es difícil de precisar la postura de Lee sobre el tema de la esclavitud. Era dueño de esclavos y está registrado que administraba castigos severos. También se registra que liberó a esclavos, y como algunos otros sureños líderes, Lee creía que la esclavitud moriría de forma natural. Sin embargo, no les correspondía a los hombres del norte, que no tenían idea de cuánta esclavitud era parte de la vida económica y social (según el pensamiento sureño), decirles a los sureños qué hacer con su "propiedad".

Lee rechazó la oferta de Lincoln, cruzó el río hacia Virginia, luego fue a la Legislatura de Virginia y aceptó su oferta para liderar los ejércitos de Virginia, que se estaban formando en ese momento.

Una de esas unidades que se estaban formando era el Cuerpo de Cadetes del Instituto Militar de Virginia, dirigido por el Mayor Thomas Jackson, que pronto sería conocido por todos como "Muro de Piedra". Jackson también había estado en West Point, graduándose en 1846 con George McClellan, entre otros, que lucharían junto a él y contra él en la guerra civil.

Mucha gente familiarizada con la guerra civil sabe que Jackson era lo que algunos podrían llamar un "pato extraño". Ardía de fervor religioso cristiano, pero cuando se enfrentó a las secuelas del saqueo en Fredericksburg, Virginia, por las fuerzas de la Unión, quiso "matarlos a todos". Jackson a menudo montaba su caballo o caminaba con una mano en el aire para "mantenerse en equilibrio". A veces mantenía la pierna fuera del estribo por la misma razón. Lo más famoso de él es que a menudo chupaba limones, lo cual es una buena idea cuando el escorbuto era un peligro real, pero a menudo se lo veía con un limón en la boca mientras cabalgaba o incluso durante la batalla. Jackson no comía pimienta porque pensaba que debilitaba su pierna izquierda y no enviaría cartas que estarían en tránsito el sábado, sino que pelearía muchas de sus mejores batallas el domingo. En su período de enseñanza, no aceptaba que se hablara en clase. Uno de sus estudiantes, James Walker, quien irónicamente se convertiría en general de brigada con Jackson en Antietam, desafiaría a Muro de Piedra a un duelo porque Jackson lo señaló por hablar en clase, una acusación que Walker creía que era falsa.

En la época de la guerra civil, todo se perdonaba, como el testimonio de Walker en la audiencia disciplinaria de Jackson ilustra la opinión de la mayoría de los cadetes que Jackson enseñó: "El Mayor Jackson es un extranjero [nota del autor: queriendo decir "extraño"] entre nosotros y trae del campo de sus brillantes logros tardíos muchas nociones singulares y excéntricas".

Para el momento de la batalla de Antietam, las excentricidades de Jackson las habían dedicado en parte a sus hombres, y sus victorias, que incluían la primera batalla de Bull Run, la Campaña Shenandoah y la segunda batalla de Bull Run, lo hicieron famoso en todo el mundo. Sur.

Ilustración 4: Jackson en el IMV (Instituto Militar de Virginia) 1857 (Cortesía del Museo del IMV)

A medida que discutamos la batalla de Antietam y los eventos que condujeron a ella, le presentaremos a otras figuras destacadas, tanto del Sur como del Norte.

Capítulo 3 - Los Hombres Que Lucharon, su Equipo y sus Uniformes

La mayoría de las veces, cuando leemos sobre la guerra civil, leemos sobre los hombres que hemos mencionado anteriormente u otros líderes, como Ulises S. Grant o William Tecumseh Sherman. Aunque hay libros y películas que hablan sobre la vida del soldado promedio, parecen ser pocas y distantes entre sí. Entonces, tomémonos un poco de tiempo para hablar sobre los hombres que llevaron a cabo la mayor parte de los combates y la mayoría de los que murieron en la guerra civil estadounidense.

Si mira las viejas películas del comienzo de la Primera Guerra Mundial que se hicieron a las apuradas en todas las naciones de Europa, las multitudes parecen volverse locas ante la perspectiva de la guerra. Hoy, cuando se ataca a una nación, como en el caso del 11 de septiembre, aparece una determinación sombría, y tal vez se habla de la rapidez con que se derrotará al enemigo, pero rara vez hay una manifestación de alegría. Como se puede ver en las películas del comienzo de la Primera Guerra Mundial, cuando se anunció la guerra o cuando los soldados comenzaron a marchar la gente en la multitud en realidad parecía feliz. Por supuesto, sabemos que aprendieron muy rápidamente que la Primera Guerra Mundial iba a ser muy diferente a cualquier cosa que alguien hubiera experimentado antes en la historia, y que, muy rápidamente, la alegría se convertiría en dolor y enojo.

En la guerra civil pasó lo mismo. Hay famosas historias de multitudes que se dirigían a Manassas Junction, Virginia, desde Washington, DC, para ver lo que esperaban que fuera una "gran vista", para usar el lenguaje de la época. Muchos creían que el Ejército Federal derrotaría a los sureños rápidamente. Cuando los hombres de azul (en su mayoría) volvían corriendo de las líneas del frente, algunos de ellos con los brazos, manos y ojos colgando, esas mismas multitudes entrarían en pánico, y al menos algunos comenzaron a darse cuenta de que sus ideas sobre una gloriosa guerra podían no ser ciertas.

Los hombres que pelearon al principio sentían lo mismo, al menos aquellos que no habían intervenido directamente en ninguna batalla, que eran casi todos. La mayoría de los hombres en el ejército que habían luchado en la guerra mexicano-estadounidense eran oficiales o estaban retirados, y había un número limitado de suboficiales que habían luchado en la frontera. Sin embargo, la mayoría de los hombres que ocupaban las filas de los "Azules y Grises" no tenían idea en qué se estaban metiendo.

Para cuando comenzara la guerra en 1861, la gente de ambos lados sabía que venía por algún tiempo. Casi se había producido una guerra civil durante la "crisis de anulación" de 1832-1833, y las tensiones volvieron a surgir durante los años anteriores a la guerra, en forma de guerra de guerrillas de poco nivel en Kansas por la expansión de la esclavitud. La "crisis de anulación" involucró a radicales del sur, que fueron dirigidos por el bombero sureño John C. Calhoun. Calhoun y otros creían que el presidente Andrew Jackson y el gobierno federal estaban tomando demasiado poder para sí mismo, y afirmaron que los estados tenían el derecho de "anular" cualquier ley federal que encontraran contraria a las leyes de sus estados o los deseos de su legislatura. Jackson amenazó con una invasión del estado natal de Calhoun, Carolina del Sur, por lo que los "anuladores" retrocedieron, pero las tensiones entre los estados del sur y el gobierno federal continuarían.

Una de las muchas cosas tristes sobre la causa sureña fue que muchos de los hombres de la tropa tenían más en común con sus hermanos del norte que trabajaban en fábricas y, hasta cierto punto, con esclavos, que con sus oficiales. Los blancos pobres del sur eran en gran parte analfabetos y apenas educados. Se enfermaban muy frecuentemente, considerando el clima y el estado de higiene y salud en el siglo XIX. Las clases altas en el sur detentaban la mayor parte del poder, y un número relativamente pequeño de familias en cada estado o condado tenía la mayor parte de ese poder.

Aunque en el Sur, había cierta movilidad social ascendente, la naturaleza agrícola de la economía sureña no permitía el mismo ascenso social que ocurría en el Norte. Por supuesto había excepciones, como en el caso de Nathan Bedford Forrest, que construyó una fortuna con el comercio de esclavos.

Aun así, los hombres del sur que ocupaban las filas de los ejércitos confederados podían mantenerse por encima de alguien: los esclavos. Y los sureños estaban llenos de resentimiento hacia los norteños, que creían que podían decirles a los sureños cómo manejar sus vidas.

Para los hombres del norte el problema era la unidad. Una considerable minoría se preocupaba por el tema de la esclavitud, y comenzaron a preocuparse más cuando se trasladaron al sur y vieron las condiciones en que vivía la gran mayoría de los esclavos, pero mantener la unidad de la nación relativamente nueva, que aún no tenía cien años, era su causa principal. Para ellos, los sureños estaban traicionando por lo que habían luchado en la revolución americana, por la cual habían muerto muchos de sus antepasados. Además, muchos oficiales del norte, después de haber estado estacionados en el sur, se dieron cuenta de que la sociedad sureña era muy clasista y cada vez se estaba volviendo más anticuada, viendo en ella sombras de la misma aristocracia contra la que habían luchado los hombres de la revolución.

Por supuesto, había hombres en ambos lados que simplemente peleaban porque eso era lo que estaban haciendo sus compatriotas; no querían ser acusados de cobardía o de no ser patriotas. Algunos se unieron por la aventura. Muchos nuevos inmigrantes en ambas partes del país se unieron para demostrar que eran americanos. Y algunos simplemente se unieron por un sueldo.

Armas y Equipo

¿Con qué iban a la guerra los hombres del norte y del sur? A diferencia del soldado estadounidense de hoy, que muchas veces va al campo de batalla con ochenta o más libras, cargando de todo, desde municiones hasta el equipo médico básico, tecnología y raciones listas para comer, el soldado de la guerra civil, en su mayor parte, llevaba al campo de batalla lo mínimo. Como regla general, los soldados nunca estaban lejos de sus trenes de suministros, y si lo estaban, eran notorios gorrones, especialmente los soldados del norte en las campañas finales de la guerra.

En términos generales, el soldado de la Unión estaba mejor equipado que su par sureño. Como puede verse en la siguiente imagen, el soldado de infantería del norte entraba en batalla o cuando se ponía en marcha, con una manta de lana encima de su mochila. En esa mochila estaba la mitad de una tienda de campaña para dos hombres, una sábana, un abrigo y efectos personales, como una Biblia, una navaja de afeitar, un kit de costura, etc. Llevaba su rifle, una caja de cartuchos para 40 rondas, una bayoneta enfundada, una caja para las cubiertas utilizadas para disparar su arma (en las primeras etapas de la guerra), una mochila de cuero, una cantimplora cubierta de tela y una taza de lata. Por supuesto, esta era la carga promedio para el soldado de la Unión: cada hombre armaba la suya según su preferencia y la tolerancia de sus oficiales.

Ilustración 5: Uniforme y equipo estándar de la Unión, más adelante en la guerra

Desafortunadamente para los hombres de ambos lados, sus uniformes estaban hechos de lana. No solo eran calientes en verano, sino que también picaban. Las blusas de lino ayudaban un poco. El soldado de la Unión usaba botas o zapatos con punta cuadrada, a veces conocidos como "cañoneras". El uniforme estándar al final de la guerra era un uniforme azul, aunque a lo largo de la guerra y especialmente al principio, muchas unidades (viniendo como lo hacían de las milicias estatales con diferentes tradiciones e historias) llevaban uniformes diferentes, y los colores, sombreros, y los pantalones variaban mucho, como puede ver a continuación.

Ilustración 6: Varios uniformes de los regimientos de la Unión, uniformes de oficiales y de otros

Aunque los confederados tenían una gran variedad de uniformes al comenzar la guerra, al igual que los hombres de la Unión, al final de la guerra, el uniforme confederado estándar era grisáceo o amarronado. En la década de 1930, el presidente Franklin Delano Roosevelt honraría a los sobrevivientes de la guerra civil al comenzar su discurso, como los "Veteranos de Azul y el Gris", pero es más probable que la mayoría de los hombres en los ejércitos confederados usaran el amarronado o una combinación de ambos.

Ilustración 1: Soldado típico del Sur

Como puede ver en la siguiente imagen, el soldado confederado generalmente no estaba tan bien equipado como su homólogo del norte. Esto solo empeoraría a medida que avanzaba la guerra, ya que la Unión bloquearía los principales puertos del sur y tomaría más territorio del sur.

Aunque muchos soldados sureños usaban el mismo estilo de gorro cuartelero, o "kepi" el de los norteños era gris. Muchos soldados rebeldes usaban variaciones del sombrero holgado que ve arriba. Al igual que los Yankis, los rebeldes llevaban una chaqueta que cubría una camisa de lino y, ocasionalmente, un abrigo. En la campaña de invierno de 1862, que culminaría con la sangrienta derrota de la Unión en Fredericksburg, muchos de los soldados del sur ni siquiera tenían zapatos, y mucho menos abrigos. A menudo los soldados del sur les quitaban la ropa a los soldados de la Unión muertos o prisioneros de guerra.

"Johnny Reb", como se refería al soldado sureño común tanto en el norte como en el sur, llevaba una manta colgada al hombro y tal vez si tenía suerte una sábana o medio refugio, una tienda parcial. A menudo, estas se envolvían alrededor de prendas de vestir adicionales, como calcetines o guantes. Naturalmente, llevaba su arma, cartuchos, una caja de casquillos y, por lo general, una cantimplora de madera. Además, el soldado del sur a menudo llevaba un cuchillo además de su bayoneta.

Cuando comenzó la guerra, ambas partes estaban armadas con prácticamente las mismas armas, lo que significaba que capturar las tiendas del enemigo era extremadamente importante, especialmente para los rebeldes, ya que la mayor parte de la producción de armas estaba en los estados del Norte. A medida que avanzaba la guerra, bloquear el litoral Sur y cortar sus líneas de suministro era importante para el Norte para evitar qué las armas podía comprar el Sur en el extranjero o que fabricaran ello mismos llegaran a sus hombres en el frente.

En un libro de esta longitud, estamos limitados a hablar sobre lo básico y sobre lo principal con lo que la mayoría de los hombres estaban equipados. Comencemos con el arma de infantería más común de la guerra, el Springfield Modelo 1861. La primera arma larga equipada con miras de hierro como característica estándar, el Modelo 1861 era un arma calibre .58 disparando una Bala Minié. Piense en esto por un momento. La ametralladora pesada estadounidense de la Segunda Guerra Mundial y de hoy es la Browning de calibre 50. Despedazará o destrozará a un hombre. Los portaaviones antiaéreos de la Segunda Guerra Mundial montaban cuatro de estas armas en una sola montura, y aunque técnicamente era "ilegal" su uso contra hombres, se hacía todo el tiempo. Su apodo era "Picadora de carne". Ahora, piense en cientos de armas de calibre .58, todas apuntando al mismo punto, que es lo que sucedió durante la guerra civil. No es de extrañar que Antietam siga siendo uno de los días más sangrientos en la historia de los Estados Unidos.

Ilustración 8: Las balas cónicas son bolas Minié, las otras, balas de mosquete. Estas se encontraron recientemente en un campo de batalla de la guerra civil. Observe la forma aerodinámica de las balas Minié en comparación con las balas de mosquete.

La carga del Springfield 1861 era la bala Minié, en la foto de arriba. Como puede ver en la ortografía, el nombre no tiene nada que ver con el tamaño del proyectil (y claramente no es una bala). Lleva el nombre de su inventor, Claude-Étienne Minié, quien diseñara el rifle Minié francés utilizado en la guerra de Crimea.

Para disparar el Springfield de 1861, así como otras armas de avancarga, con la bala Minié, el soldado vertía pólvora en el cañón del arma (esto era una cantidad prohibida, aunque se podía agregar más o menos para el alcance), luego enviaba la bala por el cañón hasta que se asentara sobre la pólvora en la parte inferior. En el caso de la bala Minié, el extremo hueco permitía que la pólvora se empacara en la bala en lugar de alrededor de ella, como con una bala de mosquete. Esto también significaba que la parte inferior de la bala estallaba y se alojaba en las ranuras estriadas del cañón, que, cuando se disparaba, enviaba el proyectil girando.

Para aquellos que no están familiarizados con las armas de fuego, "estriado" significa que el interior del cañón estaba grabado con surcos en espiral. En el caso de la bala Minié, cuando el fondo más delgado del cartucho se ensanchaba, proporcionó un bloque de los gases que impulsaban la bala. Esto era diferente a la bala de mosquete más antigua, que perdía potencia con los gases que escapaban por los costados de la bala mientras viajaba por el cañón. El estriado del cañón y el giro puesto en el proyectil significaba que los rifles (a diferencia del mosquete de ánima lisa (se refiere a un arma de fuego que no tiene estrías en el interior), utilizado anteriormente tenían un mayor alcance y eran mucho más precisos.

Esta es una de las razones por la cual la lucha de formación que tuviera lugar durante la guerra civil fuera tan mortal. Anteriormente, los hombres se agrupaban porque los mosquetes de ánima lisa eran notoriamente inexactos. Agruparse les permitía multiplicar el efecto de sus armas y tal vez pegar en *algo*. De lo que los hombres de la guerra civil (especialmente los oficiales) no se dieron cuenta fue que, con el estriado, esas formaciones eran esencialmente un objetivo de movimiento lento que difícilmente se podía perder. Agreguen la bala Minié y el tamaño del calibre, y los campos de batalla de la guerra civil fueron metros y metros de carnicería.

Un soldado bien entrenado podía disparar el Springfield tres veces por minuto. Su alcance efectivo era de menos de trescientos metros, para lanzar o recibir. El rifle tenía poco menos de 56 pulgadas de largo y pesaba un poco más de 9.5 libras.

Antes de la producción en masa del Springfield, ambos bandos de la guerra utilizaron el Enfield 1853 de fabricación británica, que era, en la mayoría de los aspectos, igual al Springfield, excepto que se fabricaba en el extranjero. Esto se volvería problemático durante la guerra, especialmente para el Sur, sin mencionar que eran bastante caros.

En el último año de la guerra, algunas unidades del Ejército de la Unión utilizaron rifles de carga trasera, carabinas (rifles de cañón más corto y más livianos, principalmente para uso de la caballería) y rifles a repetición. La carga trasera significaba que el proyectil, ahora con el polvo contenido en el cartucho, se insertó en la base del barril, lo que significa que no era necesario verter ni embestir el polvo. El advenimiento del rifle de repetición significaba que se podían cargar varios cartuchos en el arma y disparar uno tras otro, solo parando para recargar un cargador de balas. Obviamente, esto le dio al Ejército de la Unión una gran ventaja sobre los soldados confederados, cuyos propios experimentos con rifles de carga trasera abortaron.

Como se mencionó, los hombres portaban una variedad de armas, especialmente al comienzo de la guerra. Esto también fue válido para los oficiales y sus armas laterales. La mayoría de los oficiales, al menos como parte de su vestimenta o en situaciones formales, todavía usaban una espada, y algunos (especialmente en la caballería) la usaban en batalla.

La mayoría de los oficiales de la Unión (y algunos confederados) portaban la pistola Colt M1861 Navy calibre .36 con seis disparos. El alcance efectivo de esta pistola era de 75 a 100 metros, aunque la mayoría de las veces cuando se empleaba la pistola, la acción tenía un alcance mucho más cercano. Alrededor de 40.000 Modelo 1861 se produjeron durante la guerra. Muchos oficiales confederados portaban un arma similar, el Colt Modelo 1860, que era de calibre más grande, .44, al igual que el personaje Harry El Sucio en la película *Magnum Force* (1973).

El gran calibre y la velocidad relativamente lenta de las armas de fuego de la guerra civil combinadas con el uso de la bala Minié significó que hacían mucho daño cuando daban a un soldado. Por lo general, la bala se aplanaba al ingresar al cuerpo, y si no daba en el hueso, continuaba su camino, generalmente provocando una gran herida al salir.

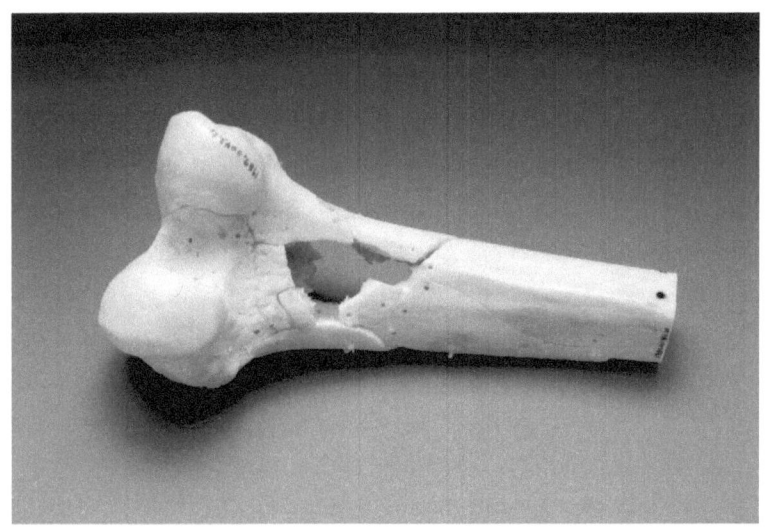

Ilustración 9: Muslo superior (fémur) alcanzado por la bala Minié

Obviamente, había muchas maneras de morir en los campos de batalla de la guerra civil. Además de las armas descritas anteriormente, la artillería en sus diversas formas causó muchas muertes. Sin embargo, la mayoría de las muertes de la guerra civil no se debieron a lesiones en el campo de batalla sino a enfermedades e infecciones postoperatorias.

Una de las imágenes más famosas de la guerra civil es la del hospital de campaña y la increíble cantidad de amputaciones realizadas allí. Los relatos personales de la guerra y algunas fotografías existentes describen y muestran montañas de brazos, piernas, manos y pies amputados para salvar una vida. Desafortunadamente, durante la mayor parte de la guerra, la limpieza era casi imposible; aún no se habían dado cuenta de su importancia.

Instrumentos, manos, vendajes, pisos y ropa de cama sucios significaba que muchos de los hombres que habían sobrevivido al campo de batalla, incluso con heridas relativamente menores, corrían el peligro de morir por infecciones. No fue hasta que la Comisión Sanitaria de EE. UU., que se formara en 1861 que incluía a muchas mujeres influyentes y poderosas, presionara al Congreso y al ejército que las condiciones en los hospitales del campo de batalla comenzaran a cambiar, lo que provocó una caída en las tasas de infecciones, al menos en el Norte. Este también fue en un momento en que la idea de los gérmenes se estaba arraigando, y solo aquellos a la vanguardia del conocimiento médico comenzaron a aceptar la idea.

Esas fueron algunas de las formas en que un hombre podía morir durante la guerra. ¿Pero qué lo mantuvo vivo? Bueno, sus raciones de campo, las que llevaban los hombres o las unidades cercanas en la marcha, eran galletas náuticas y de cerdo salado. La galleta náutica es esencialmente una galleta o un panecillo hecho con agua y harina. A veces con el agregado de sal. La galleta "dura" resultante tiene una vida útil extremadamente larga, pero es relativamente insípida y casi podría romper los dientes a menos que se la ablande con más agua.

La carne de cerdo salada es solo eso: carne de cerdo salada para conservarla durante largos períodos de tiempo para evitar su deterioro. Ambos ingredientes aumentaban la sed, lo que nunca era bueno en una situación en la que el agua era limitada, el clima a veces era cálido y los uniformes hechos de lana. En el campamento, el menú variaba, pero el tocino era un alimento básico y favorito. Esta no era la dieta más saludable, pero no era tan diferente de lo que comían en casa. En ese entonces, la sal y el azúcar eran las principales formas en que la gente agregaba sabor y conservaba los alimentos.

Por supuesto, como ha habido en todos los ejércitos a lo largo de la historia y el mundo, estaban los hombres expertos en "escarbar, encontrar cosas para agregar a las comidas, ya sea que esto se hiciera cazando, cambiando de frente, comerciando, o robando". Un buen garronero ayudaba a mantener el ánimo de los hombres, y muchos diarios de la era de la guerra civil están llenos de historias de hombres que se saciaban de pollo, pavo, ciervo y, por supuesto, algún tipo de alcohol mientras estaban sentados junto a la fogata, jugando a las cartas y cantando canciones.

Hacia el final de la guerra, con gran parte de las tierras agrícolas del sur tomadas, sus puertos bloqueados y sus ferrocarriles cortados u ocupados, se instaló el hambre tanto para los ejércitos de la

Confederación como para los civiles. Aunque muchos ejércitos del sur tenían una buena reputación por no "rebuscar" (una palabra cortés para "robar"), ya fuera en sus campañas en el norte o en casa, en el último año de la guerra, los tiempos desesperados exigían medidas desesperadas. Muchos civiles del sur también comenzaron a ocultar lo poco que tenían de sus mismos ejércitos.

Obviamente, como sabemos por los cuentos de "La Marcha de Sherman al Mar " y otros episodios, las tropas de la Unión en el Sur eran famosas por saquear y asaltar granjas y hogares del Sur, especialmente si eran plantaciones, ya que eran el símbolo de la Aristocracia del sur.

Capítulo 4 - Batalla de South Mountain y Harpers Ferry

A lo largo de la guerra civil, la reputación del general McClellan fue de mal en peor. Gran parte tenía que ver con su cautela, la que pudo haber costado al país decenas de miles de vidas más. A veces, McClellan tuvo los medios y la oportunidad de ganar la guerra, pero su miedo a perder en lugar de arriesgarlo todo para ganar prolongaría el conflicto durante años.

Se agregaba a la mala reputación de McClellan el descubrimiento de sus cartas y escritos privados, así como los relatos contemporáneos de sus comentarios sobre Lincoln, el Gabinete, la conducción de la guerra y su jactancia sobre su perspicacia militar. Además de eso, su postulación para presidente en 1864 con la boleta demócrata y su llamado a una paz negociada con el Sur.

Sin embargo, como ya se dijo, McClellan pudo haber sido un fanfarrón y demasiado cauteloso, pero sabía algo sobre batallas. Ganó, aunque podría haber ganado más, y reconstruyó el ejército dos veces. Los historiadores han declarado que el mejor uso de los talentos de McClellan habría sido como oficial del personal o al frente del Cuerpo de Intendencia, donde probablemente habría sobresalido.

Aun así, en el preludio de la batalla de Antietam, McClellan ganó una batalla que la historia pasa por alto: la batalla de South Mountain. Pero la Unión también perdió una batalla importante justo antes de Antietam en Harpers Ferry.

La batalla de South Mountain tuvo lugar en las colinas del oeste de Maryland, cerca del área donde se encuentra hoy Camp David. A principios de septiembre de 1862, Robert E. Lee, recién salido de las victorias confederadas en la Segunda batalla de Bull Run y la Campaña Shenandoah de Jackson, lanzó una invasión a Maryland con el objetivo final de quitarle presión a Richmond, cortar las líneas de suministro de la Unión a Washington desde el "granero" de Pensilvania, y tal vez forzar a Lincoln a una paz negociada. El objetivo más amplio de Lee era la toma de la capital de Pensilvania en Harrisburg, un importante puerto fluvial en ese momento, pero para hacerlo, primero tendría que atravesar Maryland y reducir la guarnición federal en Harpers Ferry, ubicada en el oeste de Virginia.

La guarnición de la Unión en Harpers Ferry tenía unos 14.000 hombres y cantidades significativas de artillería. Se suponía que era un control sobre cualquier movimiento rebelde hacia el norte y para mantener la confluencia de los ríos Shenandoah y Potomac libre de interferencias rebeldes. Era una fuerza muy fuerte, y en las manos correctas, podría haberse estacionado o tal vez haber detenido cualquier unidad confederada al norte hacia Pensilvania.

Sin embargo, al mando de la guarnición de Harpers Ferry estaba el coronel Dixon Miles, quien, entre otras cosas, probablemente era un alcohólico. También era excéntrico y viejo, aunque las dos podrían no haber sido mutuamente excluyentes. Había desarrollado la extraña costumbre de usar dos sombreros a la vez; la razón se perdió en la historia, pero tal vez simplemente no recordaba que el primero yo lo tenía puesto.

Harpers Ferry era familiar para Lee y Jackson. Ambos eran nativos de Virginia, y Jackson había crecido en la parte occidental del estado. Estuvo presente cuando John Brown y sus camaradas fueron ahorcados después de que Lee sofocara la rebelión en Harpers Ferry, al mando de un contingente de cadetes del Instituto Militar de Virginia enviados allí para ayudar a mantener el orden,

Una cosa buena de la ciudad de Harpers Ferry era que controlaba el tráfico fluvial local. Desafortunadamente, también está rodeada de empinadas colinas y acantilados, lo que le da a cualquier comandante lo suficientemente decidido como para apuntar cañones sobre ella una ventaja decidida. Miles estaba decidido, pero solo colocó unas pocas armas y dos mil hombres en las alturas más importantes desde el punto de vista táctico, conocidas como Alturas de Maryland, y dejando las cercanas Alturas Loudoun sin defensa. Decidió colocar a la mayoría de sus hombres al oeste, convencido de que los rebeldes iban a atacar a través de las llanuras al oeste de la ciudad.

Lee sabía que tendría que eliminar o reprimir a las fuerzas en Harpers Ferry si quería avanzar más al norte. Lo que hizo, que habría de convertirse en su marca registrada en batallas posteriores fue lo siguiente: con audacia y velocidad dividió sus fuerzas más débiles para atacar al enemigo donde menos se lo esperaba. Lee envió a Stonewall Jackson, quien comandaba a unos 30.000 hombres, para que se ocupara de Harpers Ferry, mientras él se movía con el resto de su ejército, unos 20000 hombres, en dirección a Hagerstown, Maryland.

En el transcurso de los próximos tres días (12-15 de septiembre), Jackson trasladó su artillería y la mayoría de sus hombres a las colinas que rodean Harpers Ferry, las mismas colinas que Miles pensó que los confederados considerarían insuperables. Durante esos días, se produjeron escaramuzas, pero Miles creía que podía resistir, hasta que las armas de Jackson comenzaron a bombardear la ciudad desde las alturas de arriba, seguido poco después por un ataque de infantería de su comandante más agresivo, su camarada de West Pointer A.P. Hill.

Aunque la lucha fue dura durante un corto tiempo, Miles se dio cuenta de que el posicionamiento de las armas de Jackson y su ventaja en número eventualmente llevaría a la derrota de la guarnición. Aun así, los críticos dicen que Miles, consciente de que Lee estaba moviendo tropas cerca, debería haber resistido el mayor tiempo posible para retrasar cualquier posible movimiento rebelde hacia el norte. Tal como estaba, McClellan, al darse cuenta de que Harpers Ferry probablemente caería, había comenzado a mover la mayor parte de su ejército en dirección a Harpers Ferry, ya sea para liberar la ciudad o para atacar a "Bobby" Lee (como McClellan lo llamaba) y derrotarlo de una vez por todas. Si esto sucedía, Lee necesitaría a los hombres de Jackson, y Jackson tenía órdenes de eliminar la amenaza de Harpers Ferry, dejar una pequeña guarnición allí y luego moverse con rapidez para unirse al grueso del Ejército del Norte en Virginia.

Cualquier período prolongado que Miles pudiera resistir habría sido útil, pero después de tres días de maniobras y colocación de sus armas por parte de Jackson, la batalla terminó esencialmente en un día. Miles se rindió después de que sus fuerzas sufrieran bajas mínimas; tristemente, él fue uno de ellos, muriendo por complicaciones de una terrible herida en la pierna. Los muertos confederados fueron menos de 40, y los muertos de la Unión superaron ese número, en 44. Sin embargo, las pérdidas totales de la Unión fueron bastante altas, 12.419 desaparecidos y / o hechos prisioneros.

Mientras continuaba la batalla de Harpers Ferry, McClellan estaba enfrentando a los confederados en South Mountain, que estaba unas veinte millas al noreste de Harpers Ferry. En realidad, South Mountain no era realmente un pico; más bien era una cresta muy boscosa, que incluía tres "brechas" principales a través de las cuales pasaban los caminos para el comercio local.

El 8 de septiembre de 1862, Lee convocó a sus comandantes y emitió la "Orden Especial 191". Lee puso énfasis la seguridad y advirtió a sus comandantes que no les contaran a muchos de sus hombres sobre los planes contenidos en su orden. Su ayudante firmó una serie de copias en nombre de Lee para Jackson, Hill, y un puñado de otros comandantes y las hizo distribuir. Uno de los oficiales de Lee, nadie está completamente seguro de quién, las envolvió alrededor de tres cigarros para ayudar a que se mantuvieran secas y en algún momento se le cayeron sin que se diera cuenta.

El hombre que las encontró, el cabo Barton W. Mitchell del 27 regimiento de Voluntarios de Indiana, que moriría después de la guerra por la infección recurrente de una herida sufrida en Antietam, encontró las órdenes y las transmitió a su cadena de mando, una de las cuales autenticó la firma del ayudante de Lee, que lo conocía mucho antes de la guerra. Los planes de Lee llegaron a la cima, y cuando George McClellan los recibió, exclamó: "¡Ahora sé qué hacer! Aquí hay un documento con el que, si no puedo azotar a Bobby Lee, estaré dispuesto a irme a casa".

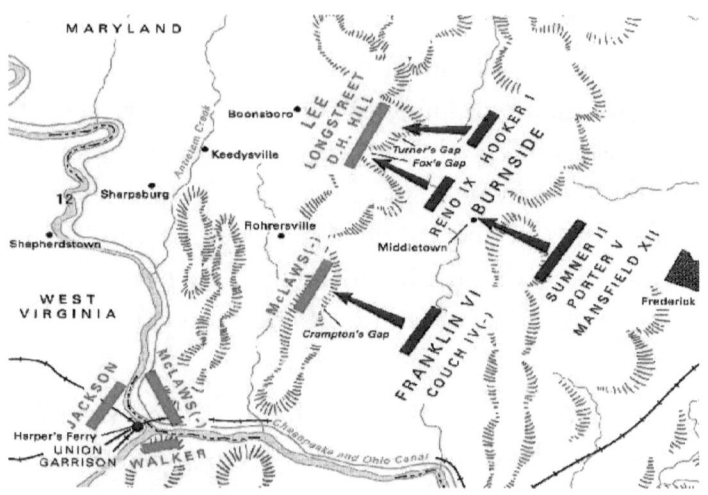

Ilustración 10: Mapa básico de las batallas de South Mountain y Harpers Ferry. Tenga en cuenta la ubicación de Sharpsburg y el riachuelo Antietam hacia el este

Las fuerzas de Lee en South Mountain eran escasas, y la esperanza del general confederado era que Jackson derrotara a la guarnición en Harpers Ferry y viniera en ayuda de Lafayette, McLaws y D.H. Hill, dondequiera que estuvieran comprometidos, cuando Jackson se liberara de su asalto. En los días anteriores, Lee había enviado a McLaws y a Hill hacia el este para reconocer tanto una ruta hacia el norte como para encontrar y evaluar las fuerzas federales en el área de Frederick, a unas diez millas al este de South Mountain.

Otra fuerza confederada, bajo el mando del general James Longstreet, había sido enviada al norte hacia Pensilvania con el objetivo de llegar a Hagerstown, Maryland, a unas pocas millas al sur de la frontera con Pensilvania. Longstreet era uno de los generales de más confianza de Lee, y tenía fama por su habilidad con la artillería. Incluso más que otros famosos generales del sur, Longstreet tenía buenos amigos que terminaron en el Ejército de la Unión. Su compañero de habitación en West Point, William Rosecrans, se convertiría en un prominente general de la Unión, al igual que John Pope y George Henry Thomas (uno de los mejores generales de la Unión y conocido como la "Roca de Chickamauga" por su postura inquebrantable allí). Longstreet había sido un asiduo asistente a las fiestas en West Point, lo que resultó en muchos deméritos y una graduación cerca de los últimos de su clase. El fútbol, la desidia, su falta de puntualidad y la bebida parecían tener prioridad, lo cual puede ser una de las razones por las que Longstreet era buen amigo de Ulises S. Grant, a cuya boda asistió en 1848. Prácticamente tuvo que hacerlo porque la esposa de Grant, Julia Dent, era prima de Longstreet. Longstreet también era buen amigo de los futuros comandantes confederados Lafayette McLaws, George Pickett y D.H. Hill.

Aunque se graduó cerca del último de su clase de West Point en 1842, Longstreet era un comandante capaz. Al igual que los otros generales mencionados en este libro, participó en la guerra estadounidense, sirviendo en el personal del futuro presidente Zachary Taylor. Participó en muchas acciones, pero fue más notable por rescatar a un grupo de estadounidenses superados en número de una carga de doscientos lanceros mexicanos, soldados de caballería que luchaban con lanzas. En la lucha para tomar la Ciudad de México, Longstreet estuvo involucrado en un desesperado combate cuerpo a cuerpo. Terminó la guerra con una promoción a un rango superior (campo de batalla temporal) después de haber dirigido una carga en Chapultepec, en la que resultó herido mientras llevaba los colores. El hombre al que le entregó los colores fue George Pickett.

El historial de Longstreet de la guerra civil se distinguió tanto antes como después de la batalla de Antietam, y aunque fue derrotado más de una vez, participó en algunas de las grandes victorias confederadas de la guerra temprana y ayudó a Lee en su brillante defensa de Richmond en las últimas etapas de la guerra. En Gettysburg, jugó un papel controvertido que todavía hoy debaten los historiadores, ya que le rogó a Lee que abandonara el campo de batalla y volviera a desplegar a sus hombres antes de que la desastrosa carga de Pickett pusiera fin a la campaña de Gettysburg.

Cuando los hombres confederados tomaban sus posiciones defensivas en las brechas de South Mountain, Lee envió un mensaje para que Longstreet regresara al área para reforzarlos, ya que las tropas rebeldes en las brechas eran ampliamente superadas en número. Cuando las tropas de Longstreet llegaron a las 15:30 el 12 de septiembre, después de haber recorrido un terreno accidentado durante diecinueve horas para arribar allí, llegaron justo a tiempo para permitir que los sureños comenzaran una retirada táctica peleada fuertemente hacia un terreno mejor.

Ilustración 11: Longstreet durante la guerra

La lucha en South Mountain, como puede ver en el mapa de arriba, tuvo lugar en tres espacios. De norte a sur, son la brecha Turner, la brecha Fox y la brecha Crampton.

McClellan, que había perseguido a Lee bastante lentamente en este punto, cambió su ritmo cuando recibió la Orden Especial 191 perdida. Habiendo creído anteriormente, como solía hacer, que la mayoría de las tropas confederadas lo enfrentarían directamente, ahora sabía que Lee había dividido a sus tropas en tres ramas, y McClellan tenía la intención de aprovecharse de ello.

En la mañana del 14 de septiembre, el comandante de la división de la Unión, general Jacob D. Cox, lanzó un ataque contra el flanco derecho de las tropas del sur en la brecha de Fox. Allí, su división de Ohio superaría a las tropas de Carolina del Norte del general Samuel Garland Hijo, quien murió en acción. Sin embargo, después de esto, Cox se detuvo, esperando nuevas órdenes y permitiendo a los confederados fortalecer sus posiciones en el flanco norte de la brecha de Fox.

Al norte, el general Ambrose Burnside, quien admitiera abiertamente su falta de habilidad para un mando mayor y que había rechazado la solicitud de Lincoln de tomar el mando del Ejército del Potomac dos veces debido a ello, se movió lentamente y esperó las órdenes de McClellan, quien estaba lentamente subiendo por la carretera nacional (que conducía de este a oeste desde la costa a través de Virginia y Maryland) a la cabeza de una gran columna de tropas que lo vitorearon. Al enterarse de que la batalla se desarrollaba a solo una o dos millas camino abajo, McClellan detuvo a su caballo al costado del camino, metió una mano en su chaqueta y señaló la batalla con la otra mano. Permaneció así durante un tiempo. Habría constituido una gran estatua, pero muchos generales, incluida la mayoría de los generales del sur, habían estado galopado hacia la lucha y forzarían a sus hombres a trotar. McClellan no hizo ninguna de estas cosas; en cambio, dio órdenes generales y supuso que sus subordinados las llevarían a cabo.

Burnside esperó a uno de los comandantes de su cuerpo, Joseph "Peleador Joe" Hooker (quien reemplazaría a Burnside como comandante en jefe cuando aceptara la oferta de Lincoln después de Antietam), y en la Brecha de Fox un general agresivo de la Unión, Jesse L. Reno, se movió lentamente. para reforzar las tropas de la Unión allí.

En la Brecha Crampton, en la parte sur de la montaña, 1000 hombres de los ESA bajo el mando del general Howell Cobb se enfrentaron a 12.000 soldados de la Unión liderados por William B. Franklin, quien, al igual que su comandante McClellan, creía que se enfrentaba a más hombres de lo que realmente eran. Las escaramuzas tuvieron lugar la mayor parte del día hasta alrededor de las 4 de la tarde cuando el subordinado de Franklin, Henry Slocum, se cansó de esperar a que su comandante le diera la orden de avanzar con toda su fuerza. Slocum llevó a 12.000 hombres de Maine, Nueva Jersey, Pensilvania y Nueva York a la posición Sur. Aproximadamente en ese momento, dos regimientos de tropas de Georgia se presentaron para reforzar a Cobb, pero no serviría de nada. Ola tras ola de tropas de la Unión los atacaron implacablemente y, al caer la noche, la posición fue tomada. Un soldado rebelde, George Neese, artillero de caballería, diría: "Los federales eran tan numerosos que parecía que se arrastraban por el suelo".

En las brechas hacia el norte, la batalla había continuado con cierta severidad todo el día. Aproximadamente al mismo tiempo en que Slocum conducía a sus hombres a la Brecha Crampton, las tropas de Longstreet llegaban a su posición. En la base de la montaña, se habían encontrado con Robert E. Lee, quien recibió sus vítores y los instó a seguir. La Brigada de Texas, que había sido dirigida por el agresivo general John Bell Hood (un hombre de Kentucky que se unió al sur cuando su estado permaneció en la Unión) hasta que fue arrestado, exigió a Lee que reinstalara a Hood. "¡Danos a Hood!" gritaron. Hood había sido arrestado y retirado del mando en agosto después de la segunda batalla de Bull Run por un conflicto con otro general confederado por algunos carros capturados, y estaba con el séquito de Lee cuando los hombres se enfrentaron a Lee por este asunto. Lee respondió: "¡Lo tendréis!" y llamó a Hood al frente. Lee le pidió a Hood que expresara su "pesar" por el incidente del carro, pero Hood se negó. Lee, estando en una situación de no ganar, respondió: "Bueno, suspenderé su arresto hasta que se decida la batalla inminente".

Hacia el anochecer, los generales de la Unión habían comenzado a presionar a los confederados en las brechas Fox y Turner después de una dura lucha entre rocas, árboles y maleza. Aunque los sureños mantuvieron sus posiciones cuando la lucha cesó en la oscuridad total, Lee, Longstreet y D.H. Hill se reunieron para discutir sus opciones y decidieron que era solo cuestión de tiempo antes de que sus posiciones fueran invadidas. En lugar de arriesgarse a una derrota completa y posiblemente a una derrota alimentada por el pánico, Lee decidió retirarse de manera ordenada hacia Sharpsburg, entre el río Potomac al oeste y el riachuelo Antietam. Durante los combates en South Mountain, Lee había recibido noticias de Jackson sobre la caída de la guarnición de la Unión en Harpers Ferry. Esa noche, Lee envió un mensaje a Jackson para que se dirigiera hacia Sharpsburg.

Por otro lado, George McClellan le envió un mensaje a su esposa, diciendo que había ganado una "gloriosa victoria". Un mensaje similar fue a Washington, DC. Lincoln respondió: "Dios los bendiga y todos con vosotros. Destruyan al ejército rebelde si es posible."

Capítulo 5 – Antietam

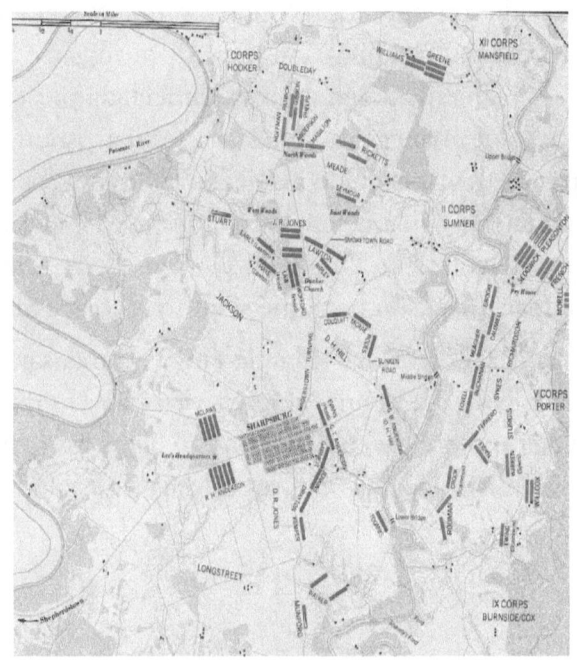

Ilustración 2: Disposición de tropas la mañana del 15 de septiembre de 1862

A pesar del revés en South Mountain, Lee todavía estaba decidido a luchar en el norte. Sabía que McClellan era cauteloso, pero Lee también sabía que no era estúpido y que, si los generales sureños no eran cuidadosos, "Pequeño Mac" podría lograr la victoria decisiva que había estado buscando.

Incluso sabiendo esto, Lee decidió tomar una posición peligrosa cerca de Sharpsburg, una pequeña ciudad cuya población actual es de aproximadamente 800, aproximadamente la misma que en 1862. Detrás de Sharpsburg se encuentra el río Potomac, uno de los más anchos del continente de América del Norte. El río cerca de Sharpsburg no es tan ancho como lo es cerca de Washington, DC, pero es lo suficientemente ancho como para que Lee, si él y sus fuerzas estuvieran embotellados en el área, probablemente solo tuvieran un puente a través del cual sacar a su ejército. Si ese fuera el caso, y las fuerzas federales estuvieran pisándole los talones, el Ejército del Norte de Virginia sería destrozado en pedazos.

Pero una cosa que incluso los estudiantes de historia más holgazanes saben es que Robert E. Lee era un jugador. Aparte de eso, el área permitía algunas ventajas defensivas. Sharpsburg estaba esencialmente en el medio de las líneas de Lee. El Potomac protegía la retaguardia de Lee si McClellan intentaba un movimiento de flanco amplio; sin embargo, Lee y todo el país sabían que McClellan no intentaría tal movimiento.

E riachuelo Antietam corría de norte a sur en el frente de Lee. Muchos realmente llamarían al arroyo un río pequeño, y aunque había lugares que eran lo suficientemente poco profundos como para que un hombre los cruzara con el agua hasta la cintura, tres puentes principales atravesaban la vía fluvial.

A una milla y media por encima de Sharpsburg había una serie de bosques, salpicados por campos de cultivo en colinas onduladas. Eran bosques espesos, que hasta cierto punto bloqueaban la visión y el sonido. Como puede ver en el mapa, se los nombraba por su ubicación: norte, este y oeste. Los rebeldes se posicionaron alrededor de Bosques del Oste, utilizando la Iglesia de los Dunker como base de operaciones y un punto de anclaje para su defensa. La iglesia fue se llamaba así por una secta pacifista que bautizaba a sus congregantes "sumergiéndolos", en lugar de utilizar el método más común de verter agua sobre la cabeza.

De norte a sur corría Hagerstown Pike, la carretera principal al norte que unía la ciudad más grande de Hagerstown con Sharpsburg, que estaba a trece millas de distancia. Al sur de los bosques y la Iglesia de los Dunker, justo al este de Hagerstown Pike, se encontraba el "Camino Hundido", llamado así porque el desgaste de la superficie de tierra había hecho que se hundiera por debajo del nivel del suelo alrededor. El Camino Hundido estaba bordeado por ambos lados en puntos por una cerca de rieles divididos. Después de la batalla, y hasta el día de hoy, el camino hundido ha sido denominado "Callejón Sangriento".

Ilustración 13: El "Callejón Sangriento" inmediatamente después de la batalla

En el sur, en las afueras de Sharpsburg y cerca del arroyo Antietam, había otra fuerza sureña, con Lafayette McLaws y R.H Anderson en reserva. Más tarde en el día, la acción en esta área sería recordada por la matanza que tuvo lugar en el puente más al sur sobre el arroyo Antietam. Entonces conocido como el Puente Rohrbach, hoy se lo conoce como el Puente de Burnside, por el general de la Unión cuyas tropas se abrieron paso a través de él, sufriendo enormes bajas.

El campo de batalla de Antietam se ha conservado y hoy se parece en muchos aspectos al campo como se veía ese día de septiembre de 1862: colinas ondulantes, campos de maíz, huertos y cercas, algunas de las cuales dieron cobertura y otras no.

Ilustración 3: Iglesia de los Dunker ahora y entonces

Capítulo 6 – La Iglesia de los Dunker

Uno de los factores que dificultaron el conteo del gran número de víctimas en Antietam fue la confusión y la falta de comunicación que tuvo lugar, principalmente en el lado de la Unión. También hubo algunos accidentes desafortunados / afortunados (dependiendo de qué lado se estuviera), que hicieron las cosas aún más confusas y sangrientas. Describir cada acción y maniobra de cada unidad que tuvo lugar durante la batalla requeriría mucho más espacio que el que tenemos aquí. Lo que sigue es una descripción general de la batalla en el norte alrededor de la Iglesia Dunker y lo que se conoció simplemente como el "Campo de Maíz".

A las 5:30 de la madrugada en el extremo norte del campo de batalla, el general de la Unión Joseph Hooker ordenó que se mudaran tres divisiones. El general Abner Doubleday (el supuesto inventor del béisbol, aunque esa afirmación, que Doubleday nunca hizo por sí mismo, ha sido desacreditada por los historiadores modernos) estaba a la derecha, el general George Meade (que llevaría a la Unión a la victoria el próximo verano en Gettysburg) estaba en el centro, y a la izquierda estaba el general James Ricketts, otro egresado de West Point y nativo de Nueva York. Las dos primeras columnas se movieron a través de los Bosques del Norte, y la última se dirigió a los Bosques del Este.

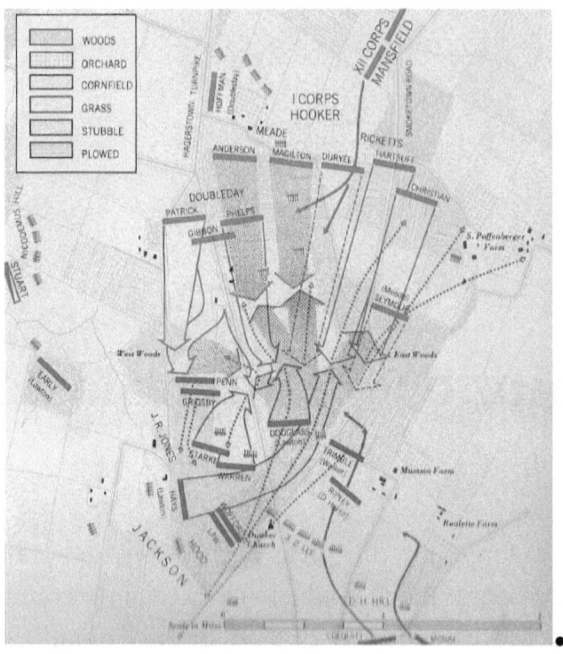

Ilustración 15: La batalla en el norte cerca de la Iglesia de los Dunker y el Campo de Maíz

Tan pronto como los hombres de Doubleday emergieron de los Bosques del Norte, los cañones confederados abrieron fuego. Los rebeldes fueron tan precisos que no tuvieron que disparar muchos tiros para encontrar el alcance correcto, ya que su segundo proyectil irrumpió en la 6ta Brigada de Wisconsin, matando a dos hombres e hiriendo a once. En unos pocos segundos, las armas federales en la parte trasera y en los flancos abrieron fuego, y comenzó un furioso duelo de artillería. No solo los cañones cerca del Hagerstown Pike y las líneas rebeldes de avanzada abrieron fuego, sino que también lo hicieron los cañones ubicados cerca de la Iglesia de los Dunker. Eran ocho cañones de las fuerzas de Jeb Stuart, una docena de Jackson y otros dieciséis de baterías al otro lado de la carretera de la iglesia. En términos generales, las baterías confederadas consistían en cuatro armas, mientras que las unidades federales consistían en seis.

Las armas de la Unión se unieron a la refriega. A dos millas de distancia, a través del arroyo Antietam, 24 cañones federales pesados abrieron fuego. Un periodista cercano intentó contar las explosiones de estas armas, que ascendían a unas sesenta balas por minuto.

Fue entonces cuando cinco regimientos de Pensilvania marcharon hacia el sur de los Bosques del Este y hacia el lado derecho de la línea rebelde frente a la iglesia. La unidad del sur en esta área estaba dirigida por el coronel James Walker, el mismo hombre que había desafiado a Muro de Piedra Jackson a un duelo algunos años antes. Walker fue herido y tuvo que ser sacado del campo, pero sus hombres resistieron tanto que los "Sacos Azules" se retiraron.

El general Joseph Hooker se movió con sus hombres hacia la Iglesia Dunker y el campo de maíz al norte y al este. En ese maizal, Hooker y sus hombres vieron deslumbrantes bayonetas confederadas entre los tallos. Entonces, exigió más armas, y seis baterías abrieron fuego en el maizal, que a partir de entones sería conocido por los hombres de ambos lados y la historia como el Campo de Maíz. En su informe sobre el campo de batalla, Hooker escribió: "cada tallo de maíz en el norte y la mayor parte del campo fue cortado lo más parecido posible a haber sido cortado con un cuchillo, y los asesinados yacían en filas exactamente como habían estado de pie en sus filas. unos minutos antes".

Hooker pidió refuerzos para presionar más, y a la izquierda de la Unión, la 1.ª Brigada del General Rickett salió de los Bosques del Este y se dirigió a la parte oriental del campo de maíz, donde los tallos de maíz todavía ocultaban parcialmente su avance, así como a los que los estaban esperando del otro lado. Debido a que las maniobras y las comunicaciones de la época requerían que los oficiales pudieran ver e identificar a las unidades personalmente, la mayoría ondeaba la bandera nacional y la bandera de su (s) unidad (es). Esto fue lo que hicieron los hombres de la Unión, y la unidad de

Georgia que los esperaba vio que sus banderas venían hacia ellos a través del maíz. A unos doscientos metros, los georgianos abrieron fuego, que luego fue devuelto por los hombres de azul.

Dos de los hombres de la Unión en el Campo de Maíz eran hermanos, inmigrantes alemanes llamados Gleasman. Uno cayó después de que un francotirador rebelde le disparara a cierta distancia. Esto fue visto por su hermano, quien señalándolo y dijo: "Ahí está el hombre que mató a mi hermano, y ahora está apuntando contra ese árbol". Justo en ese momento, él también fue derribado por el mismo hombre, cayendo junto a su hermano en el campo.

Entre las 6 y las 6:45 de la mañana ambos bandos volcaron refuerzos en el área. A las 6:45, la unidad de Walker, que había perdido el 40 por ciento de sus hombres, comenzó a retirarse. Los georgianos a su lado permanecieron, pero habían sido aún más castigados, una tasa de bajas del 50 por ciento, y su comandante había sido asesinado, al igual que cinco comandantes de unidad confederados en el área.

Cuando la línea gris de confederados estaba a punto de ceder, otra unidad rebelde se apresuró a luchar, la Brigada de Luisiana, que consistía en hombres principalmente de Nueva Orleans que eran conocidos como los "Tigres" (sí, los Tigres de Luisiana; la historia está en todas partes, fanáticos de los Tigres de la LSU, Universidad estatal de Luisiana). Estos hombres cargaron sobre las líneas federales y los condujeron de regreso hacia los Bosques del Este. Un oficial de la Unión que escribió después de la guerra lo llamó: "el fuego más mortal de la guerra... los muertos y los heridos no disminuyen en puntaje". Para romper el asalto de los Tigres, los cañones federales se volvieron rápidamente a los hombres de Luisiana que avanzaban, haciendo volar a los Tigres en pedazos a quemarropa. Los que sobrevivieron fueron atacados por la última brigada de reserva del general Rickett. La lucha luego pasó a un combate cuerpo a cuerpo, en un momento luchando sobre los caídos de la Unión. Al tratar de recuperarlos, siete de cada diez hombres del 90° regimiento de

Pennsylvania murieron. El soldado William Paul agarró los colores y regresó a salvo a las líneas de la Unión, y ganó la recientemente establecida Medalla de Honor por sus acciones. En el conflicto cerca de los Bosques del Este, las unidades habían perdido casi el 50 por ciento de su fuerza.

Al mismo tiempo que esto sucedía cerca de los Bosques del Este, las fuerzas de la Unión estaban empujando al ala izquierda de los rebeldes hacia los Bosques del Oeste. Mientras bajaban por el lado occidental de Hagerstown Pike, fueron atacados por aún más hombres en el Campo de Maíz. Los soldados federales trajeron cañones para lidiar con esto, pero cuando instalaban las armas, los francotiradores rebeldes comenzaron a recoger a sus camaradas. En cinco minutos, más de la mitad de las fuerzas de la Unión estaban muertos o heridos.

A lo largo de la mañana, en muchas partes diferentes del Campo de Maíz a ambos lados de Hagerstown Pike, unidad tras unidad fue arrojada a la lucha. Las unidades y los hombres de Wisconsin se mezclaron con las unidades y los hombres de Nueva York, y alrededor de las 6:45 de la mañana estaban a medio camino de la Iglesia Dunker.

Cuando esto sucedió, se produjo otro contraataque confederado en los Bosques del Oeste. Allí, el general de brigada William Starke hizo que los hombres de sus dos brigadas se alinearan a lo largo de una valla de madera a solo treinta metros del flanco federal. A su vez, algunos de los hombres de Wisconsin y Nueva York giraron a la derecha (piensen en una puerta abatible), y una unidad de artillería al norte abrió fuego contra los rebeldes. En quince minutos, los rebeldes estaban tambaleándose, y su comandante fue alcanzado por tres balas Minié y pronto moriría. A lo largo de esa línea de cerca y en la posición de la Unión había hombres muertos y moribundos, pero la lucha continuaba.

En la pequeña "tierra de nadie" entre los dos enemigos, el Capitán Confederado R.P. Jennings yacía herido con otro hombre. Los dos hombres discutían sobre cuál sería el camino más seguro: tratar de correr o permanecer donde estaban, mientras las balas aterrizaban a su alrededor. "También podría ser asesinado como si me estuviese quieto", dijo Jennings, y se levantó, sorprendentemente, regresó a las líneas rebeldes.

A lo largo del Pike, los hombres de gris caían hacia la Iglesia Dunker. Estos eran los hombres de Jackson, y muchas de las unidades habían sufrido un 50 por ciento de bajas o más. Justo cuando parecía que la izquierda Confederada podría romperse, 2.300 hombres de gris entraron por un agujero en la cerca del cementerio y hacia la lucha, gritando su grito rebelde, ese grito de batalla único del Sur, que generalmente explica el historiador Shelby Foote en la miniserie de Ken Burns la guerra civil como un aullido y una serie de gañidos como de perro. Estos eran los hombres de la división de John Bell Hood, la Brigada de Texas, y estaban enojados. La noche anterior, Muro de Piedra Jackson les había prometido que los mantendrían en reserva y les daría tiempo para comer una comida verdadera, lo que no habían hecho en días. Esa mañana, mientras preparaban sus fuegos y ollas y se preparaban para sentarse a comer, les llamaron para unirse a la lucha.

A ningún hombre le gusta que le interrumpan el desayuno, sobre todo cuando no ha comido de verdad en días y especialmente cuando lo llaman para que vaya a morir. Entonces, juntaron sus armas y corrieron a la batalla, atravesando el cementerio y entrando en el Campo de Maíz, cruzando el Pike y hacia los Bosques del Este. Hood mismo los siguió, tratando de maniobrar su caballo para no pisar a un hombre herido, ya que el campo era casi invisible debajo de los cuerpos.

Los tejanos sacaban a todos los soldados federales de su camino, haciéndolos huir en pánico, al menos a los que no derribaban. Los texanos de Hood pronto se unieron a la división de D.H. Hill, pero los tejanos se llevaron la peor parte de los combates en el Campo de Maíz en el lado este de Hagerstown Pike. Saliendo del campo, hombres de la Unión que habían luchado bien toda la mañana dieron paso a Hood. Un soldado de la Unión, de no más de dieciséis años, se puso de pie sobre una loma e intentó reunir a sus camaradas, gritando: "¡Reúnase, muchachos, reúnase! ¡Mueran como los hombres, no corran como los perros!"

Jackson envió un mensajero a Hood, quien respondió a Muro de Piedra, diciendo que pronto lo harían retroceder a menos que recibiera refuerzos, pero que seguiría luchando hasta que ya no pudiera. Cuando terminaron los combates, se descubrió que la 1ª Brigada de Texas había tenido 186 hombres muertos de 226, una tasa de víctimas del 82,3 por ciento, la más alta para cualquier regimiento durante la costosa guerra.

De vuelta a lo largo del Pike, hacia el oeste, las unidades federales que quedaban en el área se unieron y comenzaron a disparar contra los rebeldes al otro lado de la carretera. Más hacia el oeste, los hombres del general confederado Jubal Early marchaban hacia el Pike. Algunas armas de la Unión disparaban hacia el oeste, mientras que otras disparaban hacia el este. Esa mañana, cuarenta de los cien hombres de la batería resultaron heridos o muertos. Otros hombres se les unieron para mantener las armas disparando, incluido el general John Gibbon, el comandante de la unidad del centro federal. Un cañón estaba ubicado justo en el medio del camino, y Gibbon notó que disparaba demasiado alto. Saltó de su caballo, bajó la elevación del arma él mismo y dio la orden de disparar a través de los rieles de madera de la cerca hacia los rebeldes que estaban al otro lado. Al menos una docena de soldados enemigos volaron en pedazos por el disparo de munición antipersonal del cañón. Después de la batalla, un oficial de la Unión dijo que vio un brazo volar a treinta pies por el aire.

Los hombres en la batería de Gibbon aumentaron su potencia de fuego al doble del cañón. Piense en una escopeta que cambia de calibre .20 a calibre .12 o incluso calibre .10. Tres cargas confederadas intentaron adelantarse a las armas, y las tres veces fueron rechazadas. Esto duró entre quince y veinte minutos. Los hombres de la Unión pronto se quedarían sin municiones, por lo que Gibbon llamó a la retirada. Un total de 26 caballos muertos y destrozados yacían alrededor del cañón, pero los restantes hombres de la Unión de azul encontraron suficientes animales para entrenar (montar para viajar) para que pudieran usar sus armas, y salieron del campo mientras estaban bajo fuego todo el tiempo. Se retiraron, junto con gran parte de la división de Joe Hooker, unos tres cuartos de milla hacia la Granja Poffenberger, como se puede ver en el mapa de arriba. Los hombres de Hood se retiraron a los Bosques del Oeste. Al ver tan pocos hombres con su general, un oficial sureño le preguntó a Hood: "¿Dónde está su división?" Presagiando los comentarios hechos después sobre la carga de Pickett en Gettysburg, que sucedería alrededor de un año después, Hood respondió: "Muertos en el campo". Hood, un hombre conocido por su agresión y que se haría aún más famoso por ello más adelante en la guerra, dijo que Antietam era la lucha más feroz que había visto.

Pero eran solo las 7:30 de la mañana, y la batalla había durado aproximadamente una hora. Cientos ya estaban muertos y heridos, pero solo un pequeño segmento de ambas fuerzas había estado en acción. Todavía había unidades al sur que no habían sido atacadas para nada.

Después de todos estos combates, el bando de la Unión todavía tenía reservas para lanzar a la batalla, las tropas dirigidas por el general Joseph Mansfield. A los 58 años, era viejo para el momento, y nunca había liderado a grandes grupos de hombres en batalla. Aunque era un egresado de West Point y un veterano de la guerra mexicano-estadounidense, la mayor parte de su carrera la había pasado detrás de un escritorio o realizando tareas de ingeniería. Peor aún, su XII Cuerpo estaba formado por muchos soldados que nunca habían visto batallas y tenían poco entrenamiento. Para tratar de mantener el control de sus tropas novatas y aumentar la fuerza con la que golpeaba a los rebeldes, Mansfield ordenó a sus hombres que formaran agrupaciones muy apretadas mientras marchaban a la batalla en el centro de la línea de la Unión. Otros oficiales trataron de disuadirlo, argumentando que esto aumentaría las bajas de la artillería confederada, pero Mansfield no escuchó nada de eso.

Cuando sus hombres se acercaban a los Bosques del Este, fueron atacados. Entonces, Mansfield trató de reagrupar a sus hombres en una formación de tiro. Esto tomaría tiempo, lo que empeoró la situación. En un momento, Mansfield le dijo a una unidad, el 10° regimiento de Maine, que dejara de disparar, ya que creía que sus objetivos eran hombres de la Unión. Mientras sus hombres protestaban, Mansfield recibió un disparo mortal en el pecho. Su oficial ejecutivo tomó el mando y finalmente hizo que los hombres se movieran. Y se dirigieron hacia el Campo de Maíz.

Ese maizal tenía solo unos 250 metros de profundidad y unos 400 metros de ancho, pero en él había cientos de cuerpos, tanto muertos como heridos. Ese día, el Campo de Maíz cambiaría de manos *quince veces*. En un intento por apoderarse del Campo de Maíz, las brigadas del XII Cuerpo se enfrentaron con hombres de la unidad de D.H. Hill, hombres que habían cargado sus armas con cartuchos para "mosquetes de carga frontal", que es una bala rodeada por piezas de perdigones. La mayoría de los hombres que fueron alcanzados por estos disparos no murieron, pero los heridos cubrían el campo de batalla.

Finalmente, alrededor de las 8:30 de la mañana otra fuerza de la Unión, dirigida por el general George Greene (nieto del héroe de la guerra revolucionaria Nathanael Greene), marchó desde el noreste para flanquear la posición rebelde. Al ver una gran fuerza de federales marchando hacia su camino, los rebeldes cansados de batallar en el Campo de Maíz comenzaron a quebrarse. Otra de las brigadas de Greene se movió aún más al sur para hacer volver el flanco derecho confederado. Pronto estuvieron a la vista de la Iglesia Dunker, que había sido el objetivo de la Unión toda la mañana. Sin embargo, los hombres de Greene avanzaban hacia la iglesia tan rápido que Green tuvo que llamar a un alto en el avance de sus tropas. Su artillería iba a la zaga y, a menos que la alcanzaran, el avance se retrasaría. Greene detuvo a sus hombres gritando: "¡Alto, 102º! ¡Ustedes son bravucones, pero no vayan más lejos!"

Cuando su artillería recuperó el terreno perdido, Greene ordenó una carga y sacó a la última batería confederada de la meseta cerca de donde estaba la Iglesia de los Dunker. Algunos hombres de la Unión se asomaron cautelosamente por las ventanas de la iglesia, pero no vieron nada más que rebeldes heridos que yacían en los bancos de la iglesia.

En este momento, la Unión mantenía la mayor parte del área al este de Hagerstown Pike y tenía algunas tropas en los Bosques del Oeste, pero todavía había rebeldes en el bosque. Las líneas en el norte terminaban a unos doscientos metros al este de la Iglesia de los Dunker, y alrededor de las 9 de esa mañana terminaron los combates en la parte norte del campo de batalla. Había sido un matadero, pero el día recién comenzaba.

Capítulo 7: "Callejón Sangriento"

Antietam fue caótica. Mil movimientos de unidades grandes y pequeñas luchaban por el mismo terreno, como lo habían hecho en el Campo de Maíz. Sin embargo, si uno fuera a ver la batalla desarrollada desde arriba, uno vería que la lucha tuvo lugar de manera bastante ordenada, si eso se puede decir sobre una batalla en la que murieron más de miles. La lucha comenzó en el norte, cerca de la Iglesia Dunker y el Campo de Maíz, luego estalló en el centro y la lucha terminó en el extremo sur del campo de batalla.

La siguiente fase de la batalla no fue menos sangrienta. De hecho, como puede ver en el título, este aspecto de la batalla estuvo dominado por la lucha a lo largo de lo que se conoce en la historia como simplemente el "Callejón Sangriento".

La lucha en el centro comenzó casi por accidente. Una brigada de la Unión bajo el mando del general William French se había separado de su división que se dirigía al sur, lejos de los combates en el área del Campo de Maíz. El comandante general del II Cuerpo envió a su hijo como corredor para encontrarlos, y cuando lo hizo, transmitió la orden de su padre de que, en lugar de regresar al norte para reunirse con el resto del cuerpo, deberían atacar las líneas centrales confederadas cerca de una carretera lateral que se dirigía directamente hacia el este desde Hagerstown Pike.

French se enfrentó a hombres de la división de D.H. Hill, que era parte del cuerpo del general James Longstreet y que había visto a tres de las cinco brigadas destrozadas en los combates junto al Pike. Ahora el resto de la división de Hill estaría involucrado en otro enfrentamiento sangriento de la guerra civil.

Aunque los 2.500 hombres de Hill fueron superados en número por la división de French, poseían lo que en el lenguaje del siglo XIX era "buen terreno". Se asentaron sobre una pequeña cresta gradual en el camino mencionado anteriormente, que había sido hundido por años de tráfico, con cercas de ferrocarril que cubrían la mayor parte de ambos lados del camino. Para los rebeldes, esto era un regalo, ya que era una trinchera que no tenían que cavar, y los hombres de la división de French venían directamente hacia ellos. En este punto de la batalla, los hombres se enfrentaron rifle a rifle, bayoneta a bayoneta, pero no se usaron cañones hasta que la lucha comenzó con furia.

A las 9:30 de la mañana French atacó el Camino Hundido, y los hombres comenzaron a ser cortados en hileras, cayendo como tallos de maíz bajo la guadaña. La mayoría de los hombres en este ataque eran reclutas que nunca habían estado en acción. El segundo ataque de la Unión, solo unos minutos después, también estaba compuesto por reclutas, pero lograron llevar a cabo un contraataque de una brigada formada por hombres de Alabama, que realmente no deberían haber dejado la protección del Camino Hundido. Otro ataque, esta vez por tres divisiones veteranas, también fue detenido, los hombres abatidos en acción. En unos cincuenta minutos, la división de French había sufrido pérdidas del 30 por ciento.

Los líderes de ambos lados pronto se dieron cuenta de que la batalla se había desplazado hacia el sur, por lo que enviaron más y más unidades al área alrededor del Camino Hundido. Robert E. Lee envió a más de 3.000 hombres bajo el mando del mayor general

Richard H. Anderson para ayudar a Hill y mover su línea más hacia la derecha (hacia el este) con la esperanza de que pudieran envolver la división de ataque de French. Simultáneamente, otros 4.000 hombres de la Unión se movieron bajo el mando del mayor general Israel B. Richardson para evitar que la división de French se viera rodeada.

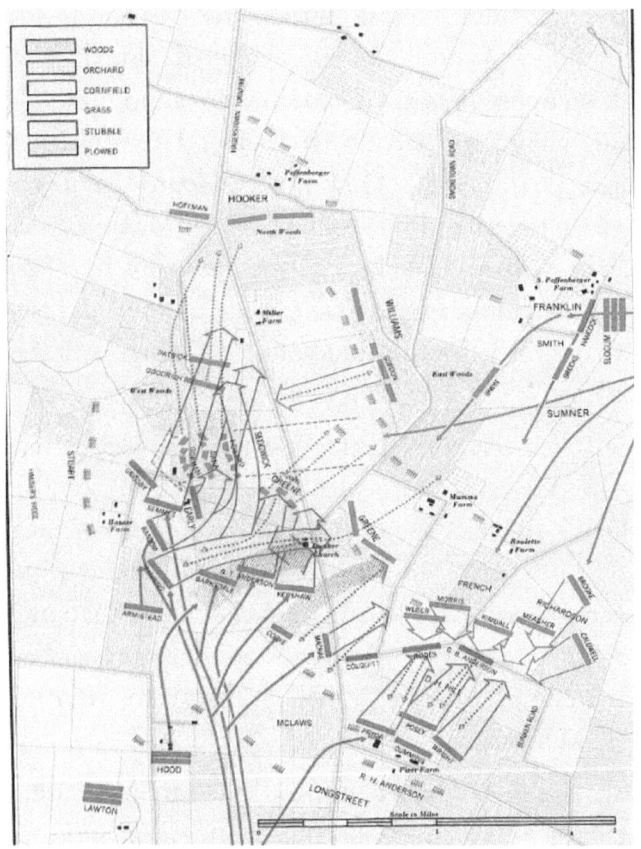

Tan pronto como llegaron, los hombres de la Unión lanzaron su ataque, el cuarto a la posición Confederada en una hora. En la vanguardia había una brigada de inmigrantes irlandeses dirigida por Thomas Meagher. Frente a ellos del otro lado estaban los inmigrantes irlandeses en la división de Hill. La Unión irlandesa sufriría aproximadamente un 50 por ciento de bajas antes de retroceder.

Al mediodía, el quinto ataque de la Unión comenzó a hacer retroceder a los rebeldes. Varios oficiales confederados fueron muertos o heridos en los combates, y con su pérdida, la integridad de las unidades rebeldes comenzó a desmoronarse. Finalmente, una unidad de neoyorquinos logró flanquear el extremo derecho de la línea sur y dispararles desde una pequeña loma. Entre los disparos desde el frente y ahora desde la izquierda, los sureños en la parte más oriental del camino fueron asesinados. Cuando los rebeldes comenzaron a huir, la artillería, dirigida personalmente por el general Longstreet, comenzó a abrir fuego contra los hombres de la Unión que los perseguían, rompiendo su ataque. Un contraataque de los remanentes de la división de D.H. Hill casi logró flanquear a la Unión que quedaba alrededor de la colina, pero el daño ya estaba hecho. Ambas partes estaban agotadas. En los combates que tuvieron lugar allí de aproximadamente desde las 9:30 de la mañana hasta la 1 de la tarde ambas partes sufrieron un total de 5.600 bajas, la Unión sufrió unas pocas más.

A medida que los confederados se alejaban del camino hundido (ya conocido en este momento como el "Callejón Sangriento"), algunos de los oficiales de McClellan lo instaron a lanzar algunos hombres de sus reservas, que sumaban más de veinte mil soldados de infantería y caballería. McClellan siguió el consejo del comandante del II Cuerpo Edwin Sumner, y permaneció en su lugar. El consejo de este comandante de cuerpo probablemente reforzó la naturaleza ya cautelosa de McClellan.

Aun así, el día no había terminado. Otra parte del campo de batalla estaba a punto de estallar en el sur, y no sería una matanza menor de la que ya había ocurrido.

Ilustración 16: Ataque de los irlandeses en el Callejón Sangriento de un cuadro de Jeremy Scott

Capítulo 8: El Puente de Burnside

Cuando el general Ambrose Burnside es recordado hoy, lamentablemente lo es durante los concursos de trivia para adivinar de dónde viene la palabra "patillas". Sin embargo, Burnside y los hombres bajo su mando deberían ser recordados por el esfuerzo que hicieron en la guerra civil, ya que era una cuestión de vida, muerte y libertad.

Como hemos mencionado, el general Burnside era un general mediocre, y él lo sabía. Burnside estaba mejor preparado para un comando menor que el comandante de cuerpo o comandante de ejército. Eso no significa que no diera todo en la lucha porque sí lo hizo. Es solo que, desafortunadamente, aunque diera todo de sí no era suficientemente bueno tan bueno.

En muchos sentidos, la carrera de Burnside fue realmente una tragedia. Jugó un papel importante en la primera batalla de Bull Run y participó en la ignominiosa retirada de ese campo de batalla. También tuvo un papel importante en Antietam, del cual le hablaremos en un momento. Después de Antietam, Burnside recibió el mando del Ejército del Potomac cuando Lincoln despidiera a McClellan, y su primera gran batalla con el Ejército del Potomac fue la masacre de la Unión en Fredericksburg en diciembre de 1862. Después de eso, él también fue despedido y enviado al oeste, primero a Kentucky, que era una zona tranquila, y luego participaría (con cierto éxito) en las campañas en Tennessee. Esto trajo a Burnside de regreso a Virginia, donde, nuevamente, no se distinguió y fue parcialmente responsable del desastre de la batalla del Cráter durante el gran asedio de Petersburgo en 1864. Después de la guerra, Burnside se convirtió en senador estadounidense, fue un exitoso industrial, y el primer presidente de la Asociación Nacional del Rifle. Pero todo esto era en el futuro del hombre que se suponía que debía hacerse cargo de un puente clave que cruza el arroyo Antietam.

El plan original de George McClellan era que la parte sur de sus ejércitos se moviera contra los hombres de gris en un ataque de distracción para apoyar el esfuerzo de la Unión en la parte norte del campo de batalla, pero varios factores cambiaron este plan.

En primer lugar, las órdenes para que Burnside lanzara su ataque no llegaron al general barbudo hasta las 10 de la mañana momento en el que la batalla en el norte había continuado durante unas cuatro horas sangrientas.

En segundo lugar, durante los últimos días la relación entre Burnside y McClellan había sido tensa. Habían sido grandes amigos desde West Point cuando eran adolescentes. McClellan incluso había ayudado económicamente a Burnside cuando estaban en el sector privado antes de la guerra. Ahora, McClellan había castigado a su amigo por moverse demasiado lentamente, tanto en el período previo a South Mountain como en la batalla misma. Una advertencia de McClellan de que si uno era demasiado cauteloso podría interpretarse de varias maneras, aunque, de cualquier manera, una reprimenda del cauteloso "Pequeño Mac" de que uno estaba siendo demasiado cuidadoso no era una buena señal.

Burnside también resentía los cambios en la estructura de mando que McClellan había instituido recientemente y que estaban vigentes en Antietam. En esencia, Burnside estaba actuando formalmente como el segundo al mando de McClellan, a cargo tanto de su propio IX Cuerpo como del I Cuerpo de Joseph Hooker. Antes de la batalla, McClellan había hecho este cambio para que Burnside solo estuviera al mando de su propio cuerpo, lo que, en verdad, era una mejora y debería haber permitido que sus órdenes se cumplieran con mayor rapidez. No podemos estar seguros si esto afectó a Burnside en Antietam, pero la tensión entre los generales sí afectó a los que estaban cerca de Burnside, ya que no estaban seguros de cuál era exactamente la cadena de mando.

No importa a qué hora llegaran las órdenes de Burnside o a qué hora decidió moverse, una cosa estaba clara: su tarea no iba a ser fácil. Su frente daba al arroyo Antietam, que en muchos lugares era demasiado profundo para vadear. Tres puentes cruzaban el arroyo en su recorrido por el campo de batalla. Los hombres de Burnside estaban frente al puente más al sur, conocido como Puente Rohrbach, llamado así por un granjero de la zona. No obstante que en la zona había lugares en que el arroyo se podía vadear, y el plan era que los hombres de la Unión cruzaran el puente en un asalto frontal a las posiciones confederadas que se pudieran ver fácilmente, así como a través de Snavely Ford a una milla al sur. Se esperaba que el vado no tuviera defensores o estuviera defendido ligeramente de modo que las fuerzas federales pudieran andar en los alrededores y atrapar a los rebeldes en un movimiento de pinza. Al menos ese era el plan.

Durante la mañana, mientras esperaba que llegaran las órdenes de McClellan, Burnside y su segundo comandante, el general de brigada Jacob Cox, observaban el puente y la tierra directamente frente a él. Ninguno de los dos pensó en mirar el suelo a ambos lados ni la profundidad del agua allí. En lugares no muy lejanos, el arroyo solo llegaba hasta la cintura o un poco menos. Sabían que no sería fácil de cruzar, pero no sería tan difícil como marchar directamente a través de un puente de cara a los cañones enemigos.

El puente era una estructura arqueada de piedra (que hoy se ha restaurado a su aspecto anterior a la guerra), lo suficientemente ancho como para que cuatro hombres cruzaran en línea. Los costados del puente llegaban a la altura de la cintura. En otras palabras, cualquier hombre que cruzara ese puente era un blanco perfecto. Si se usaba junto con uno o dos cruces simultáneos de las partes poco profundas del arroyo cercano, moverse a través del puente podría no ser demasiado horrible. Sin embargo, eso no fue lo que sucedió esa mañana.

Illustración17: El Puente de Burnside hoy

Burnside tenía 12.500 hombres y 50 cañones a su lado del puente. Si hubiera actuado antes por la mañana, podría haber ganado la partida de la Unión mucho antes y haber salvado innumerables vidas. Pero no recibió sus órdenes, era un hombre cauteloso por naturaleza, y le faltaba mucho reconocimiento. Si sus exploradores hubieran estado más al tanto de las cosas, Burnside se habría dado cuenta de que Robert E. Lee había despojado el extremo sur de su frente para reforzar a los hombres que luchaban en el Campo de Maíz y en el Callejón Sangriento.

Frente a Burnside, en el sur, había cinco brigadas debilitadas, que constaban de unos dos o tres mil hombres en total, junto con doce cañones. Inmediatamente en el área del puente había unos cuatrocientos hombres con seis a ocho armas. Es un axioma militar que un atacante debe tener al menos una ventaja de dos a uno. Burnside tenía una ventaja de cinco o seis a uno, pero eso estaba parcialmente invalidado por el terreno al otro lado del puente. Allí había un alto acantilado boscoso que alguna vez fue el terraplén de una antigua cantera y, por lo tanto, además de los árboles y las grandes rocas, proporcionaba una excelente cobertura y puntos de vista.

El general sureño al mando en el puente era el brigadier general Robert Toombs de Georgia, un político exitoso que fue el primer secretario de estado confederado. Después de Fort Sumter, advirtió a Jefferson Davis, el presidente de la Confederación, que la guerra debería evitarse, percibiendo con precisión la reacción de la Unión frente al conflicto. "Señor. Presidente, en este momento es un suicidio, un asesinato, y hará que perdamos a todos los amigos del Norte. Sin querer, golpeará un nido de avispas que se extiende desde la montaña hasta el océano, y legiones ahora silenciosas pulularán y nos matarán. Es innecesaria; nos pone en el mal camino; es fatal".

Toombs se había desencantado con algunos de sus superiores, muchos de los cuales eran hombres de West Point, y no ocultaba nada al respecto. Toombs sentía que eran demasiado cautelosos. En el momento de la batalla de Antietam, Toombs había decidido que su carrera militar terminaría una vez que se distinguiera en una gran batalla. En una carta a su esposa, diría: "El día después de tal evento, me retiraré si es que salgo vivo".

De modo que Toombs esperaba lo que podía ver sería un número abrumador de tropas de la Unión. Hacia el sur, alejándose del puente y hacia Ford Snavely, había un camino de tierra que también ofrecía una visión relativamente clara de los rebeldes en el lado occidental del río. Siempre y cuando los hombres de la Unión decidieran flanquear el puente, los francotiradores sureños podrían ponerlos en vereda perfectamente.

Detrás del puente y hacia Sharpsburg, había otros doce cañones rebeldes, y justo al este de la ciudad había otra pequeña cantidad de armas. La meseta donde se colocaron las armas pronto se llamaría "Colina del Cementerio". Estas armas dispararon a otros lugares en el campo de batalla un poco antes de las 10 de la mañana cuando un ayudante de McClellan galopaba hasta Burnside con órdenes de avanzar. Las órdenes habían sido escritas a las 9:10, cincuenta minutos antes. Fue en el momento del rechazo rebelde de las tropas de Hooker en el norte y mientras las tropas federales estaban siendo golpeadas en los Bosques del Oeste. McClellan había esperado hasta recibir la noticia de su VI Cuerpo de reserva de que marchaban hacia el extremo sur del campo de batalla para proporcionar el golpe adicional para romper las líneas rebeldes una vez que los hombres de Burnside hubieran cruzado el puente.

El honor (y fue un honor, al menos para los oficiales a cargo) de liderar el primer asalto a través del puente fue otorgado a la División Kanawha, que estaba compuesta principalmente por hombres de Ohio que se habían distinguido en la batalla de South Mountain.

Pero antes de que los habitantes de Ohio intentaran atravesar el puente, el 11º Regimiento de Connecticut trataría de tomar el control del puente moviéndose hacia el espacio y prendiendo fuego suficiente a los rebeldes como para que los habitantes de Ohio avanzaran. Habiendo recibido sus órdenes detrás de la cresta de una colina, los habitantes de Ohio comenzaron a escalarla. Tan pronto como el 11° regimiento alcanzaran la cima la colina, los confederados abrieron fuego.

Dos compañías se movieron a la derecha y dos a la izquierda. Los hombres de la derecha fueron atrapados de inmediato, pero los hombres de la izquierda, que también estaban bajo fuego intenso, llegaron a la carretera que corría paralela al arroyo. Parte del regimiento bajó al arroyo para ver si podían cruzar a pie, pero el agua tenía cuatro pies de profundidad, y la corriente era fuerte y claramente a la vista de los fusileros rebeldes, que abrieron fuego contra los hombres en el agua. En quince minutos, el undécimo regimiento sufrió 30 por ciento de bajas.

El comandante, el coronel Henry Kingsbury, intentó llevar a sus hombres a una carga a través del puente, pero los hombres de la

Unión no pudieron avanzar, y su coronel de gran prestigio murió. A partir de allí. las cosas solo empeoraron.

El comandante de la División Kanawha, que conducía a sus hombres al puente, de alguna manera se perdió. Más tarde se descubrió que ni él ni ninguno de sus oficiales habían examinado el terreno que se suponía que debía llevar al puente, por lo que, en lugar de simplemente cruzar el puente como lo había hecho el 11°, se desviaron hacia el norte un cuarto de milla, casi todo el tiempo bajo fuego.

Todo este tiempo, los hombres de la división comandada por el general de brigada Isaac Rodman estaban encontrando el camino difícil en su viaje para alcanzar Snavely Ford hacia el sur. Una vez más, los oficiales a cargo habían escuchado a sus exploradores, pero no habían examinado el terreno, ya que la ruta hacia el vado estaba cubierta de zarzas, rocas y árboles.

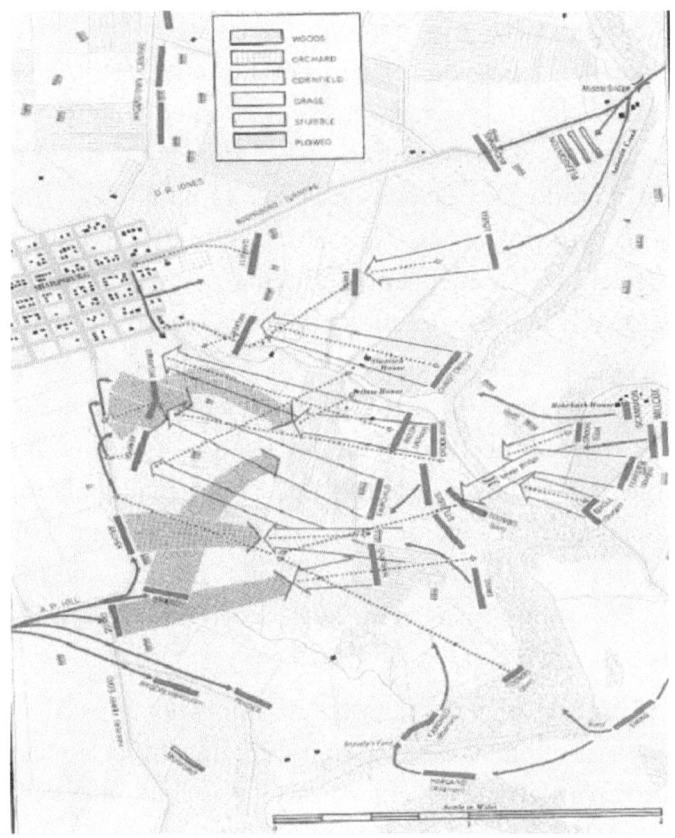

Ilustración 4: Movimientos después que la Unión cruzara el Puente de Burnside

Arriba del puente se encontraban dos regimientos, el 2do de Maryland y el 6to de New Hampshire. Ellos también fueron detenidos en seco con grandes bajas. Mientras tanto, McClellan, cuya sede se encontraba a cierta distancia, envió más órdenes a Burnside después de haber enviado varios mensajes instándolo a cruzar el puente. El cuarto dijo: "Dígale que, si le cuesta 10.000 hombres, debe marchar ahora". Cuando llegó el cuarto ayudante, Burnside explotó sobre él y le dijo: "McClellan parece pensar que no estoy haciendo todo lo posible para tomar este puente; usted es el tercero o el cuarto que ha estado conmigo esta mañana con órdenes similares".

El intento número tres comenzó a las 12:30 del mediodía El comandante de la brigada, el coronel Edward Ferrero, había sido instructor de etiqueta y danza en West Point y antes de la guerra había sido un político corrupto del Tammany Hall (maquinaria política del Partido Demócrata) de la ciudad de Nueva York. No era un soldado, pero dos de sus regimientos, el 51º de Nueva York y el 51º de Pensilvania, eran buenos, al igual que sus comandantes de unidad. Con sus hombres reunidos a su alrededor, Ferrero recibió a un mensajero de Burnside, quien le dijo: "Es la petición especial del general Burnside que los dos 51os regimientos tomen ese puente. ¿Lo hará?" Los hombres de Ferrero estaban molestos, no querían seguir a su comandante. Además de ser un mal soldado, Ferrero había suspendido recientemente su ración de güisqui. Uno de los soldados gritó: "Si lo tomamos ¿Puede darnos nuestro güisqui coronel?" Él respondió: "Sí, por Dios, ¡tanto como quieras!" Eso obró el milagro.

Sin embargo, con la promesa de güisqui o no, a los 5°regimientos les costó tomar el puente. Se agacharon detrás de secciones de muro de piedra cerca del puente y arrancaron partes de una valla de riel, amontonándolas para cubrirse, todo bajo un intenso fuego. Después de media hora de fuego intenso, los hombres del 51° notaron que los disparos estaban disminuyendo. El peso de los números de la Unión, así como sus propias bajas y municiones que desaparecían lentamente, obligó a los confederados a comenzar una retirada ordenada. Un capitán de la Unión, al que se unieron dos portadores del color y su guardia, se trasladaron al puente. Cuando estaban a mitad de camino, los hombres de la Unión vieron a los últimos confederados que corrían hacia la retaguardia.

La Unión tomó el puente, pero lo tuvo un alto costo. Sufrieron 500 bajas contra las 150 de los georgianos. Además, habían pasado tres horas, que Robert E. Lee usó para convocar refuerzos de otras secciones del campo de batalla. Y la división del general A.P. Hill acababa de llegar después de una marcha de diecisiete millas desde Harpers Ferry.

Para empeorar las cosas, después de tomar el puente y asegurar un punto de apoyo en el otro lado, los oficiales de Burnside cometieron otro error. No habían traído municiones a través del puente, al menos no las suficientes como para sostener un asalto a las posiciones rebeldes en las afueras de Sharpsburg. Durante las siguientes dos horas, se produjo un atasco de tráfico. Carros, cañones, caballos y hombres se movían de un lado a otro en el estrecho puente. Mientras tanto, Robert E. Lee estaba preparando otra bienvenida para los hombres de la Unión.

A las 2:30 de la tarde, los 3.000 hombres de A.P. Hill llegaron al campo. Lee los colocó en su flanco derecho, que se extendía hacia el noreste hasta Boonsboro Pike. En el Pike, mismo las tropas de la Unión bajo el mando del general Robert C. Buchanan mantuvieron la posición para bloquear cualquier movimiento rebelde en el centro, pero no se atrevieron a avanzar cerca de Sharpsburg, ya que la zona alrededor de la carretera estaba abierta para disparar desde ambos lados. Peor aún para los federales, el terreno que conducía a la ciudad y lejos del arroyo era inclinado, y los rebeldes tenían el terreno elevado.

A las 3 de la tarde, Burnside dio la orden. Durante las siguientes dos horas y media, la Unión asaltaría las posiciones rebeldes. Los combates fueron particularmente intensos (no es que no fueran intensos a lo largo de la línea) en el área cerca de la Casa Otto y la Casa Sherrick, a lo largo de un pequeño arroyo que corría hacia el arroyo Antietam.

A las 5:30, los rebeldes ya habían tenido suficiente. En el tiempo transcurrido desde el final de la guerra, se ha dicho mucho sobre la valentía y la pasión de las tropas sureñas, y seguramente eran ciertas. Sin embargo, debe recordarse que los hombres de azul también lo eran, ya que caminaban esencialmente hacia la boca del infierno, directamente hacia los cañones rebeldes, y a pesar de sufrir treinta, cuarenta y cincuenta por ciento de bajas, continuaron atacando hasta que la batalla fue de ellos.

Desafortunadamente, en ese momento, los ejércitos de la Unión estaban liderados por hombres que no estaban listos para la acción decisiva que se necesitaba para reclamar la victoria total. Esa noche, en Sharpsburg, los civiles se refugiaron en los sótanos o huyeron de la ciudad presos del pánico. Muchos soldados rebeldes esperaban que los federales llegaran en cualquier momento. Sin embargo, una vez que se puso el sol, Lee y los otros comandantes rebeldes estaban relativamente seguros de que no habría más ataques de la Unión, aunque se prepararon en caso de que sucediera.

McClellan tenía más de 12.000 hombres que aún no habían entrado en batalla. Podría haberlos pasado a la vanguardia de sus soldados exhaustos y probablemente haber tomado la ciudad. McClellan podría haber terminado la guerra atrapando a Lee y a su ejército en el lado oriental del Potomac. Pero estaba convencido, una vez más, de que Lee tenía más hombres de los que realmente tenía y que el "astuto zorro plateado" (como muchos se referían a Lee) estaba planeando un contraataque en cualquier momento.

Lee no tenía planeado tal ataque. Al día siguiente, hubo una breve tregua arreglada para sacar a los hombres heridos del campo de batallas e intercambiar a los heridos que habían sido tomados como prisioneros. Esa noche, Lee comenzó su retirada de regreso a Virginia, y la guerra continuaría durante dos años y medio más.

Conclusión

La batalla de Antietam sigue siendo la batalla más sangrienta de un solo día en la historia militar estadounidense. Lincoln, su gabinete y prácticamente todos en la Unión estaban enfermos por el costo. Aunque él y sus hombres hilaron la batalla como una victoria de la Unión, que técnicamente era, todos sabían que se había perdido una gran oportunidad y que probablemente miles de hombres habían muerto por nada.

Eso fue todo excepto para George McClellan, quien estaba seguro de que había obtenido una gran victoria y evitó que Lee lanzara otro asalto al Norte. Una vez más, estaba equivocado. Lincoln esperaría hasta las elecciones de mitad de período para despedir a McClellan, ya que el general tenía poderosos aliados y era muy querido por sus tropas. Además de eso, el presidente podría usar su reconocida habilidad como organizador para que ayudara al ejército a recuperarse después de la batalla. Pero en noviembre, McClellan estaba terminado, no volvería nunca.

Las bajas en la batalla fueron las siguientes: 12.410 de la Unión, incluyendo 2.108 muertos, las bajas Confederadas 10.316, 1.546 muertos. Años después la gente seguía encontrando huesos blanqueados de cuerpos no enterrados.

Hubo algo positivo que salió de la batalla de Antietam. El día de Año Nuevo de 1863, Lincoln emitió la Proclama de Emancipación.

El primer día de enero, en el año de nuestro Señor, mil ochocientos sesenta y tres, todas las personas que permanecen como esclavas dentro de cualquier estado en rebelión contra los Estados Unidos, están libres para siempre.

Sin embargo, los historiadores le dirán que, en efecto, la Proclama de Emancipación realmente no hizo nada de nada. Los esclavos mencionados no se encontraban en los estados fronterizos de la Unión (estados esclavistas que habían declarado su apoyo a la Unión), y nada de lo que Lincoln pudiera decir liberaría a los estados "entonces en rebelión". Aun así, la guerra civil se trataba de la libertad, y la Proclama de Emancipación le hizo saber al Sur que la guerra continuaría hasta que fueran derrotados. La Proclama de Emancipación fue un paso necesario en la eventual aprobación de la Decimotercera Enmienda a la Constitución, que fuera aprobada poco antes del asesinato de Lincoln y aboliera la práctica de la esclavitud.

Referencias

Bailey, Ronald H. EL DÍA MÁS SANGRIENTO: LA BATALLA DE ANTIETAM. *TIME EDUCACIÓN PARA LA VIDA,* 1984.

Foote, Shelby. LA GUERRA CIVIL: UNA NARRATIVA: VOLUMEN 2: FREDERICKSBURG A MERIDIAN. Nueva York: Vintage, 2011.

McPherson, James M. GRITO DE BATALLA POR LA LIBERTAD: LA ERA DE LA GUERRA CIVIL. NuevaYork: Oxford University Press, 2003.

Vea más libros escritos por Captivating History

www.ingramcontent.com/pod-product-compliance
Lightning Source LLC
LaVergne TN
LVHW041650060526
838200LV00040B/1779